だから、うまくいく
日本人の決まりごと

絵と文
広田千悦子

はじめに

日本の〝お付き合い〟のかたちには歴史があります。

人と人とのお付き合いだけではありません。

日本人は古来、自然や神さま、ことばやモノたちと独自の関係性をつくり、さまざまな作法で長い年月、お付き合いを続けてきました。


昔からあるものだけではありません。

最近になって定着した風習などについても、その由来を調べてみると、意外とバラエティに富んでいることに気づかされます。


現代においてさえ、暮らし方やその場の状況、関係によって、決まりごとや気をつけたいふるまいが異なるのですから、昔から長く続いているさまざまな作法においては、歴史や立場、地域、そして、場合によっては家族ごとにも、違う場合があります。

ただ、だからといって、決まりごとを必要以上に怖がることはありません。

本書では、さまざまな〝まつわる話〟をご紹介しています。
人をつなぐことばや場の整え方、お客様のおもてなし、
自然や神さまとのお付き合いや季節のならわしなど、
日常的に何気なく行われているさまざまな〝お付き合い〟の
由来を知り、ものごとの成り立ちやその背景にある人々の眼差し、
心の中に隠されたさまざまな思いに、あらためて目を向けてみました。

ご一読いただければ、一見不合理に思える作法やならわしについて、
なぜ、なんのために行うのか、なぜ続けられてきたのかなどが、
ものがたりとして心に残ることでしょう。
そして、それらの中から、ひとつでもいいので、
古くから伝わる「よいもの」を、今のご自身のふるまいの中に
落とし込んでいただけたら幸いです。

日本のお付き合いのかたちを、ご一緒に楽しんでいきましょう。

広田千悦子

だから、うまくいく
日本人の決まりごと

目次

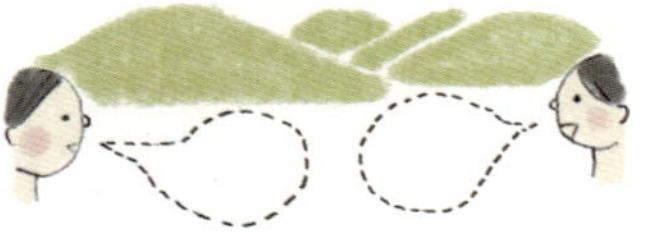

第3章　気づかいのあるふるまい。 36

第4章　食卓を囲むお付き合い。 54

装丁／石間淳
本文デザイン／提箸圭子
写真／広田行正
編集協力／ヴュー企画（池上直哉）
編集／鈴木恵美

第1章
人をつなぐことばの力。

三

力の宿ることばを使う

「言霊」
しきしまの大和の国は
言霊の幸はふ国ぞ
ま幸くありこそ
万葉集　柿本人麻呂
国見
言葉には
霊力が宿り
となえることで
その力が
発揮される、
という考え方
があった
万葉の時代
ことばの力で
大地をほめたたえる
儀礼があった

「言霊《ことだま》」とは、ことばには特別な力があり、口にしたことは現実化するという考え方。この考え方は世界中の神話や伝説に見られますが、古くから言霊信仰があった日本では、よいことばを使って力を働かせようとしたり、逆に悪い力が働かないように口から発することばに心を配ったりしました。

　言霊の力といわずとも、人はことばのかけ方によって楽しくなったり辛くなったりします。時には古《いにしえ》の人々が大切にしていたことばを口にしてみては？

かけ合うことばの意味

いただきます

頂く

「頭上にのせる」意味だったが
目上のものから
ものをもらうとき
同じようにしたので
ものを飲食する
意味に。

頂上
山のいただき

つつしんで受けたり
ありがたい気持ちを
表す。
物を高くささげる、
大切にする

おはようございます

お早くお起きに
なりまして
ご健康おめでとう
ございますと
相手を祝福し
はげます意味

ごちそうさま

馳走《ちそう》

走りまわること
馬を駆って走らせる
ように世話をすること

はしりまわって
くださり
ありがとうの
お礼の意味

おかげさまで

神仏のたすけ
目にみえないもののカ
人の力添えやめぐみ

目にみえるものだけでなく
目にみえないもの、
目立たないだれかの
行いで生かされている
という考え

III

ことばの源から力を得る

あばよ
「案配良う」の意。
ものごとがうまくいきますようにという意味だという説がある
さらば
「さようならば」の意。
そうであるならば、そろそろお別れしましょうかというニュアンス

ことばの語源はいくつもあり、時代とともに変化するため、どう理解したらよいのか迷うことがあります。比較できる同じ系列の言語が確実には証明されていないということなどから、日本語の語源を確定することは困難です。

それでも語源がそのことばの生まれた背景や時代、経緯の一端を知るきっかけになることも少なくありません。語源を知れば、そのことばが表すものに興味が湧き、愛情をもってことばを大切にしようという気持ちになるでしょう。

八岐大蛇《ヤマタノオロチ》
雷《イカツチ》
霊力のこと
裏《ウラ》
占いの「ウラ」、裏側にかくれている神さまの意志などの意味
魚《サカナ》
酒のさかなの意の「酒菜」から
気の毒《キノドク》
マイナスな感情を起こさせることを「毒」という。反対のことばは「気の薬」
冬《フユ》
生命力を内側に貯えて、魂の力を増やす意味のことば。冬ごもり
春《ハル》
貯えた力が外に現われる
木の芽がふくらんで「張る」ように万物がハル。

敬語で場を整える

口から発したことばは
現実になり世界を左右する、
と考えられていた
「言葉」の語源の一つに
木の種類によって
葉のかたちが違うように
話し方は人をあらわす、
という考え方がある

もともとは人間を超えた存在に対して使うことばだった敬語。目上や目下に対することば遣いの境界線もはっきりしていた時代と違い、現代は敬語が自然に身につく機会も少なくなりました。

ただ、初対面や年長の方との挨拶や会話、そして多くの仕事の場面でスムーズな関係を築くためには最低限の敬語が必要です。場を整える道具として、基本的な敬語は踏まえて臨機応変に使いこなしたいものです。

間違えやすい敬語

○ お疲れさまです
× ごくろうさま
「ごくろうさま」は目上から目下にだけ使うことば
○ 承知しました
○ かしこまりました
目上の方には使わない。丁寧なようで上から目線的なニュアンスが含まれる
× 了解しました
mama
自分の両親をあらわす際に使うと大変幼い印象に
× 私のお母さんが
○ 私の母が
○ おかけください
× お座りください
まちがいではないが「お座りください」は強めの印象に。より丁寧にするには「おかけください」に
○ お供させていただきます
× ご一緒します
○ ご一緒させてください

間違えやすいメールのことば

基本はメールと電話を併用する。件名で用件がわかるようにする

× がんばって下さい
↓
○ ご活躍お祈りしています

× 参考になりました
↓
○ 勉強になりました

× 助かりました
↓
○ お手数おかけしました

× 感心しました
↓
○ 大変感銘を受けました

三

縁起のいいことばに転換する

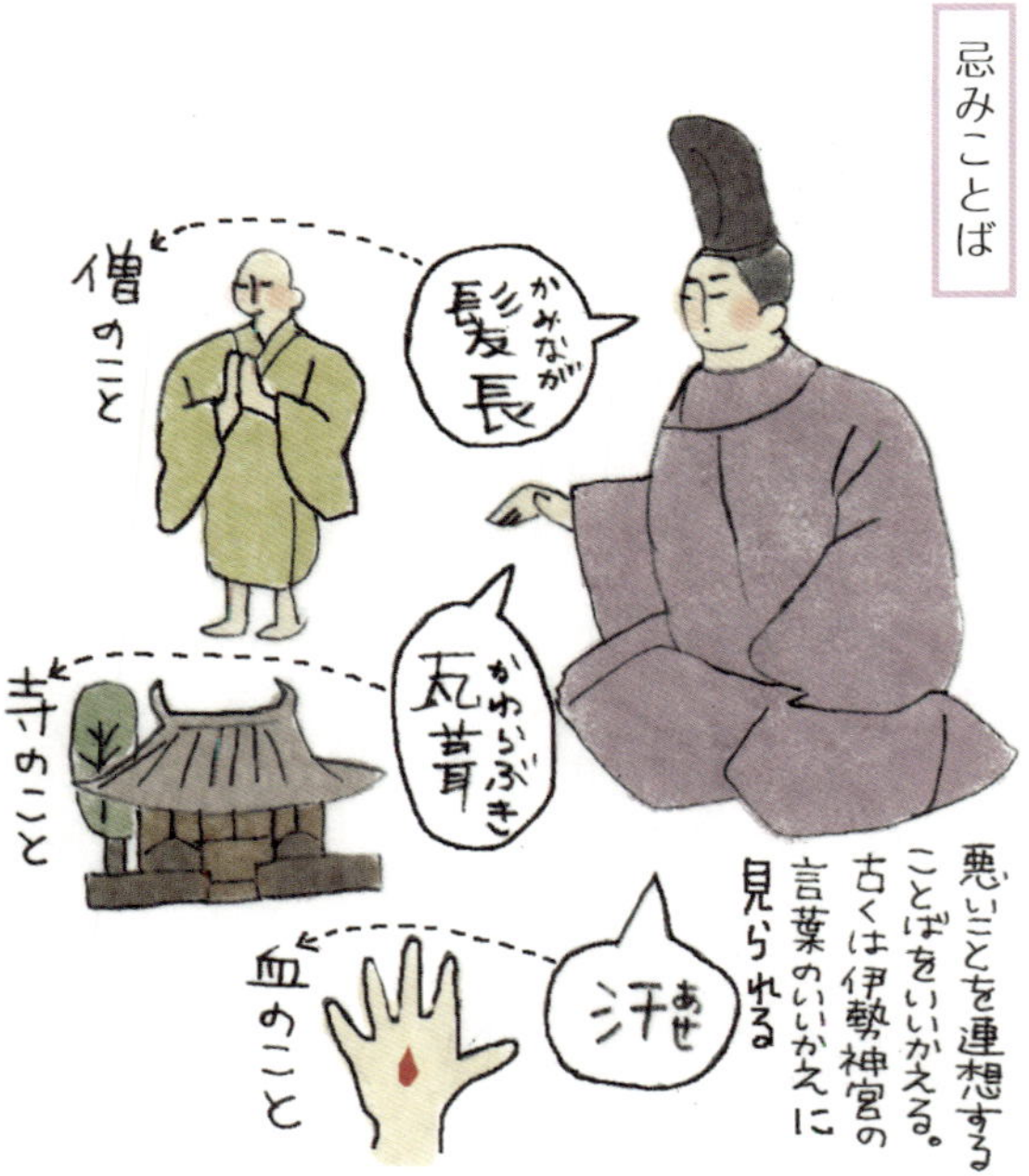

「忌《い》みことば」は不吉なイメージを連想させることばのこと。たとえば、受験の際の「すべる」「落ちる」や、結婚式での「切れる」「別れる」などのことばです。言霊の発想から生まれ、古くからある考え方ですが、現在も日常の中で自然に使われています。

忌みことばの発祥は、古くは伊勢神宮において仏教関係のものは死や穢《けが》れを連想させるため「死ぬ」を「なおる」と言い換えて、災いの力が働かないようにと考えたことだとされています。

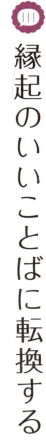

不吉なことばの表現を変える

おまじないの力

痛いの痛いのとんでいけー
ちちんぷいぷい
こどもが体を痛めた時、なでてさする。「ちちんぷいぷい御代の御宝」の略

ことばのおまじないは呪術のひとつ。いくつかの種類がありますが、ある意味どれも言霊の力です。

「ちちんぷいぷい」のように痛みや悪いことを追い払うもの、神さまにまつわるものをことばにしたり神さまを呼び出して守ってもらうものをはじめ、「アビラウンケンソワカ」のように密教の呪文が元になっていたり、地震や雷除けなどに使う「マンザライク」のように、祝詞《のりと》からきたことばもあります。ひと口におまじないといってもさまざまですね。

唱えるおまじない

くわばらくわばら

雷除けに唱える
災難にあいそうな時に
小さくつぶやく
まじない

指きりげんまん

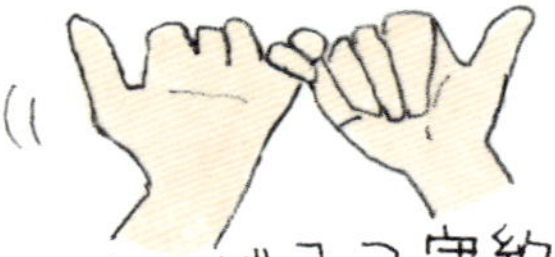

約束を守ってほしい時に
つかう。
「ゆびきり
げんまん、
うそついたら
はりせんぼん
のます」

鬼は外　福は内

節分の日、
豆まきをしながら
唱える。
災いが家や心の中に
入らぬようにする

くさめ

くしゃみが
でたら、本人か
近くにいる人が
唱える。
くしゃみで鼻から
魂が抜けてしまわぬ
ようにという
おまじない

アビラウンケンソワカ

サンスクリット語が由来。
葉っぱを三枚とり
いたいところにつけて
唱えると いたみがとまる
というおまじない

なかきよの　とおのねふりの
みなめざめ　なみのりふねの
おとのよきかな

一年のはじまりを
占う、初夢を
よいものにする。
上からよんでも
下からよんでも
同じ回文歌

手紙のむかし

三 手紙の作法

日本の手紙は国同士の書簡がはじまり。私用の手紙が見られるのは『万葉集』からといわれています。

中世には文末に「候《そうろう》」と書く候文が盛んに用いられ、比較的近年まで使われていました。現在でもあらたまった手紙で使う「拝啓」の「拝」は、文字通りおじぎのこと。啓は述べるという意味で、合わせて「謹んで申し上げます」という意味になります。

頭語に合わせて使う結語は決まっており、たとえば拝啓なら敬具、前略なら草々です。

手紙の決まりごと

手紙の基本のつくり

①拝啓　②すっかり秋めいてまいりました。

③佐々木様にはお元気でお過ごしのことと存じます。

④さて、⑤このたびはけっこうな巨峰をお送りいただき、
ありがとうございました。
果物好きの子どもたちは大喜びで、
さっそく家族で新鮮な甘味を堪能させて
いただいております。

いつもお気遣いいただき、心より感謝申し上げます。

⑥今年は台風が多いうえに、まだしばらくは残暑が
続きそうです。
お体にはお気をつけてお過ごしください。

⑦敬具

⑧九月十六日

⑨広田千悦子

⑩佐々木和子　様

一字分あけて

一字分あけるか、次の行に一字下げて書く

下から一字分あけて

①頭語
拝啓、前略など。組み合わせは決まっている。

②時候の挨拶
季節の挨拶。

③安否の確認
相手の名前は行末に来ないようにする。

④つなぎのことば
さて、ところで、このたびは、さっそくですが、など。

⑤主文
簡潔にまとめるのが鉄則。でも気持ちは込めて。

⑥結びのことば
今後のお付き合いや、相手の健康を願うことば。

⑦結語
頭語とセットのことば。「お礼まで」としてもよい。

⑧発信日
本文より小さい文字で。

⑨差出人名
本文より小さい文字で。

⑩宛名
本文より大きな文字で。

便せんの折り方

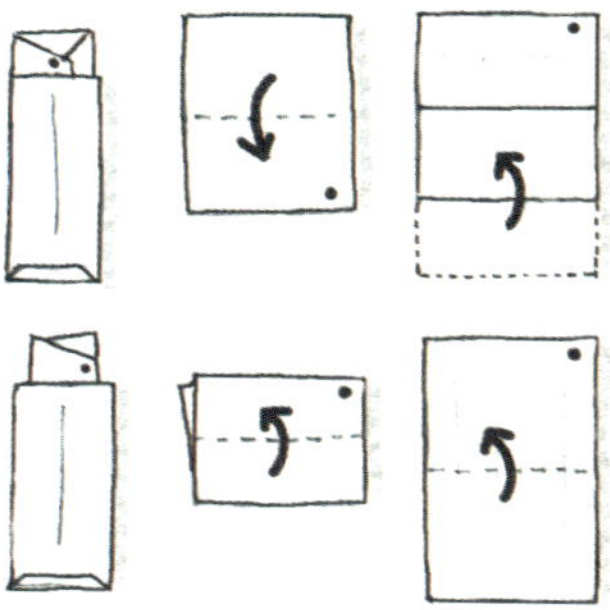
三つ折り
四つ折り

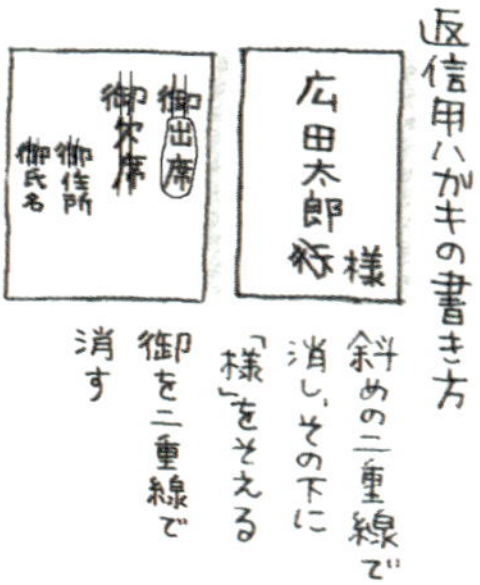
返信用ハガキの書き方
広田太郎 行 様
斜めの二重線で消し、その下に「様」をそえる
御出席
御欠席
御住所
御氏名
御を二重線で消す

第2章
場の整え方とおもてなし。

待つ時間も大切にする

待つこと

月や太陽、神さまがやってくるのを待つならわしが多い。お正月もその中の一つ
「良きこと」がやってくるのを待つ間の時間も楽しむ
月待ち
皆で集まり月がのぼってくるのを待つ間、宴会やおしゃべりなどをして過ごす

古い日本の風習で、太陽が昇ってくるのを待つ日待《ひま》ちや、月が昇ってくるのを待つ月待《つきま》ちがあります。「お祭り」も「待つ」ということばと関係していて、遠い天や山の彼方などからやってくる聖なる力、あるいは神さまが訪れるのを待つことに由来するという考え方があります。

私たちはお正月やお盆の際にも、ご先祖様や精霊がやってくるのを待ちます。お迎えするために目印をつくり、場所を整えお供えものをし、「待つ間」を大事に過ごすのです。

待つならわし

太陽を待つ

ご来光

高い山の頂上で待つ日の出のこと。お釈迦さまの背の光に見立てる

初日の出

元旦に出る新しい年の初めての日の出

春分・秋分の日

真西に沈む夕日を待ち祈る。極楽浄土が西にあるという考え方や「彼岸」は「日願」という考え方も

日の出、日の入りに手をあわせて拝む

月を待つ

二十三夜待ち

二十三夜の月を待つ。月待ちの中で最もさかんだった

二十六夜待ち

二十六夜の月の出を待つ。江戸時代に大流行

禊の由来

水のお清め

日本神話の中で イザナギノミコトが
黄泉の国から帰ってきた際
身を清めるために水につかりみそぎを
したという話が起源
茶室の「つくばい」も同じ考え方
神社の手水舎は
この「禊」を
簡略化したもの
洗心
水行も同じ由来

水の力を使って邪気や穢れを清めます。清めるために体を洗い、すすぐならわしは、神話の中でイザナギが黄泉《よみ》の国から帰ってきたときに水に浸かって禊祓《みそぎはらえ》をしたことが由来だとされています。

神社参道の脇に設けられている手水舎《ちょうずや》で手や口をすすぐのはこれを簡略化したもの。手水舎の鉢には心を洗う、浄化するという意味の「洗心」や「浄心」ということばが刻まれており、古い神社の多くが清流のそばに設けられているのは、昔は川で禊をしたからです。

手水舎の使い方

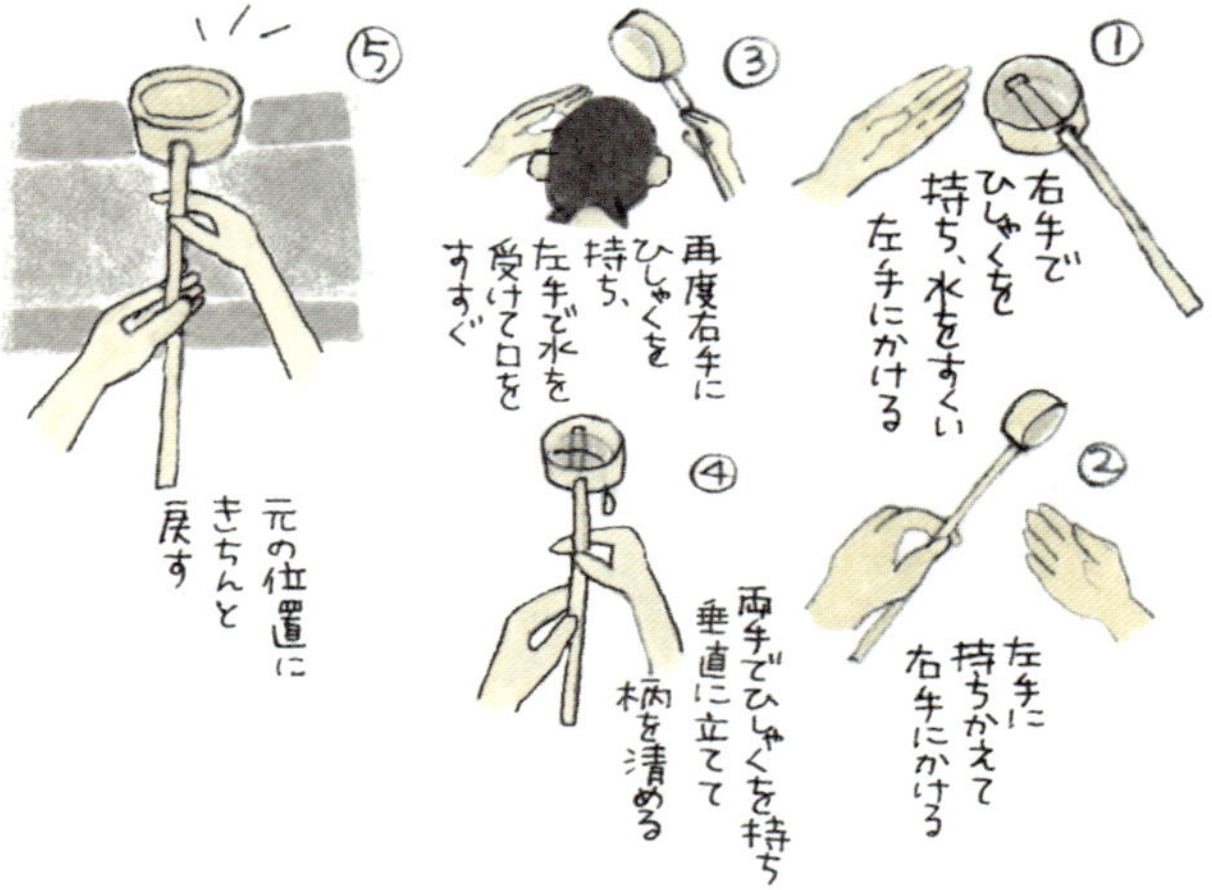
①
右手で
ひしゃくを
持ち、水をすくい
左手にかける
②
左手に
持ちかえて
右手にかける
③
再度右手に
ひしゃくを
持ち、
左手で水を
受けて口を
すすぐ
④
両手でひしゃくを持ち
垂直に立てて
柄を清める
⑤
元の位置に
きちんと
戻す

つくばいの使い方

つくばいの
前にしゃがみ
右手で
ひしゃくを
使い水をくむ
×
ひしゃくに
直接、
口を
つけない
手さばきは
手水舎の
使い方と
おなじ
あ
い
う
流派、その日の
雨もようなどにより
さまざま。
元のかたちに戻す
のが無難

塩のお清め

塩のもつ意味

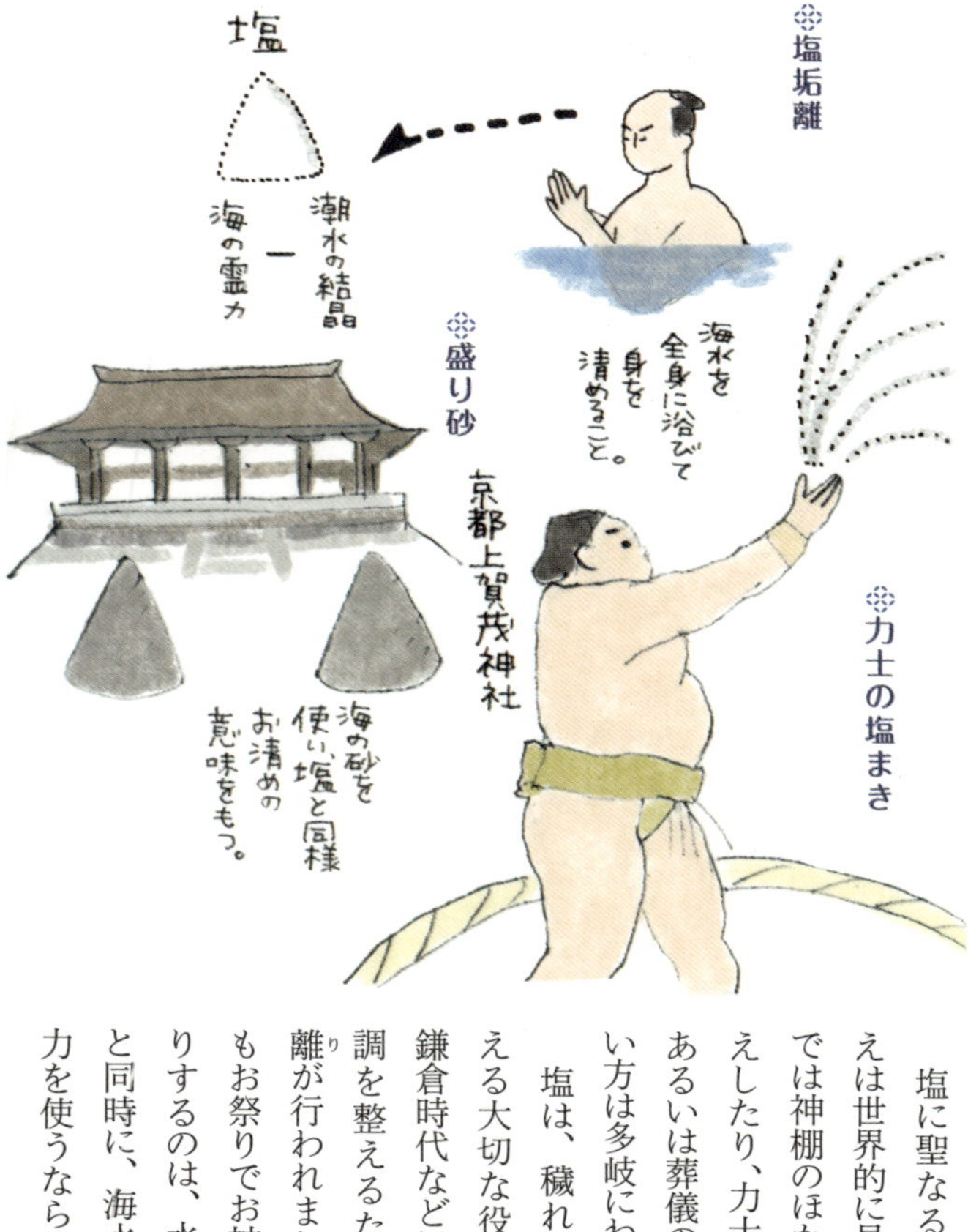
塩
潮水の結晶
―
海の霊力
塩垢離
海水を全身に浴びて身を清めること。
盛り砂
京都上賀茂神社
海の砂を使い、塩と同様お清めの意味をもつ。
力士の塩まき

塩に聖なる力があるという考えは世界的に見られますが、日本では神棚のほか祭りのときにお供えしたり、力士が土俵にまいたり、あるいは葬儀の清めの塩など、使い方は多岐にわたります。

塩は、穢れを祓い体や場を整える大切な役割をもっています。鎌倉時代などには、身を清め、体調を整えるために海に入る塩垢《しおご》離《り》が行われました。現代においてもお祭りでお神輿《みこし》を海中につけたりするのは、水のお清めでもあると同時に、海水の結晶である塩の力を使うならわしでもあります。

塩にまつわる作法

盛り塩のつくり方

① 円形の紙を半分に折る。
② ①をくるりと丸める
③ 水でしめらせた塩を②につめる。
④ 皿や半紙にさかさにひっくりかえす。

置き方

置く場所や部屋をまずきれいにそうじしてから置く。
お店や寄席などの縁起を祝い入口に置く。

神棚の塩の位置

神前
水
米
塩
神前
水
酒
米
塩

神前
酒
米
水
塩

暮らしとお香

お香の由来

六世紀
china
場を清めるための
お供えものとして
仏教文化とともに
中国から伝わる
日本書紀
平安時代
貴族は
自分独自の
調合をしていた。
香りだけで
だれの香りかを
よんだ。恋のかけひきの
道具

お香はインドの僧侶が、精神の浄化、信仰心や敬虔《けいけん》な気持ちを高めるために使うものでした。日本には仏教とともに伝わり、神仏へのお供えものとして用いられ、中世には上流階級が部屋や衣類などに香を焚きしめ、香りを楽しみました。

密教の護摩祈祷《ごまきとう》に使う香や香を入れた袋を部屋に掛けておく掛け香など、お香がさまざまな役割を担っているのは、香りには邪気や魔を祓う力が、煙には神聖なものを運ぶ力があると考えられているから。花と同じようにご供養のお供えにも用います。

お香を使う

訶梨勒《かりろく》

中に香を入れ、部屋の柱などにつるす

小さなものも

魔を除け邪気を払う

塗香《ずこう》

塗って使うお香。修行者や写経する際など清めたり邪気をよせつけないために使うお香

①塗香を左手の薬指の根本あたりにおく

②左手の上に右手をかぶせ両手を合わせる

③両手の甲にまんべんなくぬる

煉香《ねりこう》

天然の香料をねり合わせ丸くしたお香。しっとりした香り

印香《いんこう》

天然の香料を合わせて薄く型ぬきしたお香。軽くやさしい香り

①炭に火をつけ灰の上におく

②①の炭を浅くうめて灰をあたためる

③炭をうめたそばに印香をおく

お迎えの花

香りをはなつお迎えの花

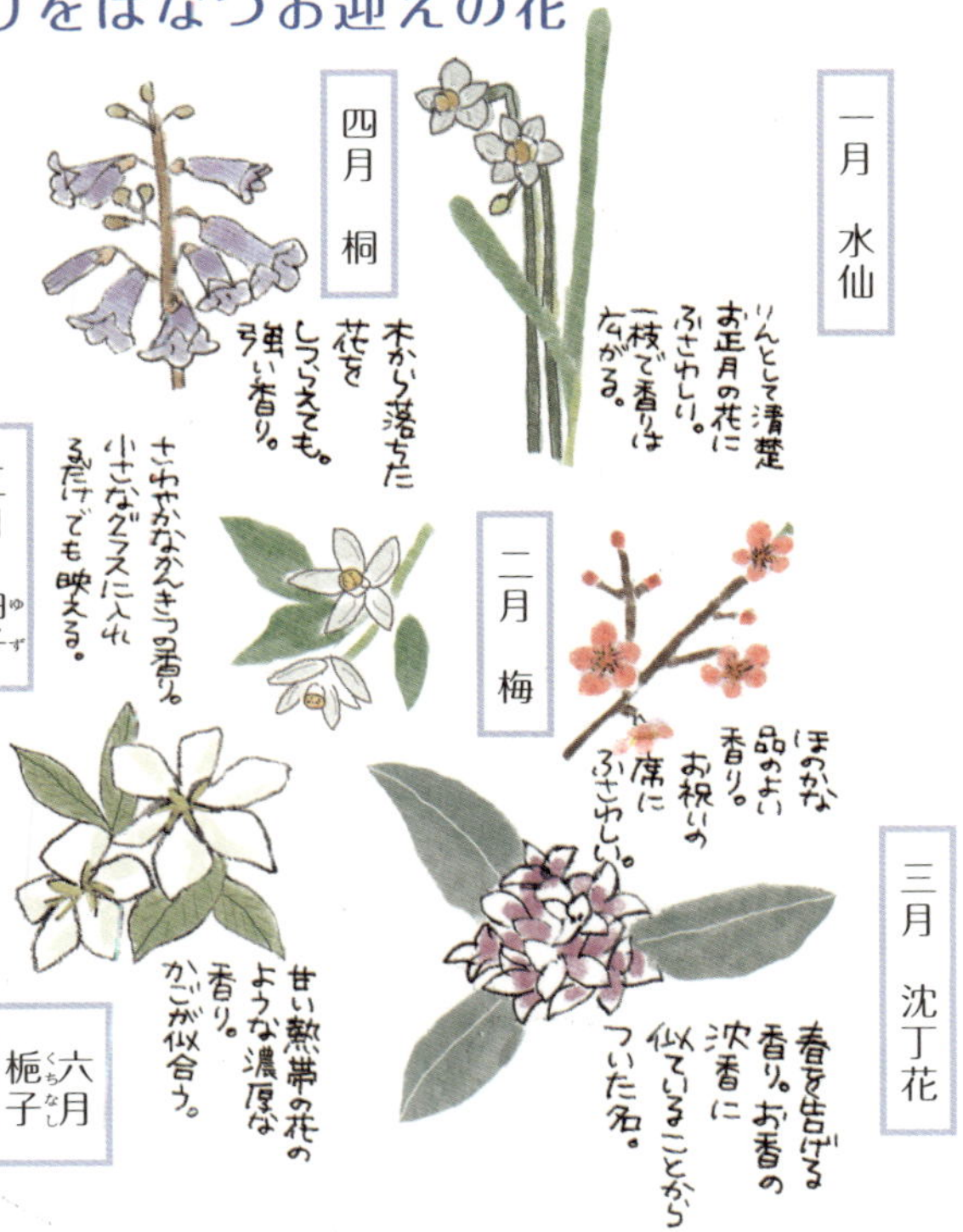
一月　水仙
りんとして清楚
お正月の花に
ふさわしい。
一枝で香りは
広がる。
二月　梅
ほのかな
品のよい
香り。
お祝いの
席に
ふさわしい。
三月　沈丁花
春を告げる
香り。お香の
沈香に
似ていることから
ついた名。
四月　桐
木から落ちた
花を
しつらえても
強い香り。
五月　柚子《ゆず》
さわやかなかんきつの香り。
小さなグラスに入れ
るだけでも映える。
六月　梔子《くちなし》
甘い熱帯の花の
ような濃厚な
香り。
かごが似合う。

お客様をお迎えするときに、香りのある旬の花を玄関やお部屋に飾ります。

季節を表す花にはほのかな香りのものだけでなく強い香りのものがありますが、人工の香りに比べて自然のものは残り香もすっきりとしていて香り疲れすることも少なく、心に残ります。

季節の旬の花を覚えておいて一輪挿しに飾れば、お客様だけでなく飾る自分の心もほぐれて、ゆるやかな気持ちでお客様を迎える準備ができます。

七月
忍冬《すいかずら》

つる性の花。
甘い芳香がある。
掛け花に。

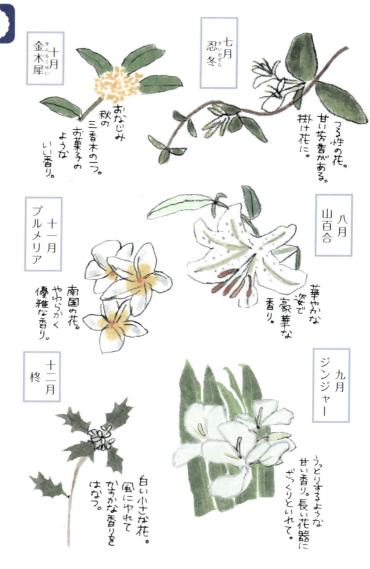

十月
金木犀《きんもくせい》

おなじみ
秋の
三香木の一つ。
お菓子の
ような
いい香り。

八月
山百合

華やかな
姿で
豪華な
香り。

十一月
プルメリア

南国の花。
やわらかく
優雅な香り。

九月
ジンジャー

うっとりするような
甘い香り。長い花器に
ざっくりといれて。

十二月
柊

白い小さな花。
風にゆれて
かすかな香りを
はなつ。

和服と暮らす

着物がつくる気

帯をしめる際、ラインが天と地と平行かどうかを感じとる
衿あわせは中心をずらさず左右対称に。バランスを養う
一本の木のように
帯をしめることで丹田に意識が向く
八つの通気口から風が自由に行き来し適度によどみをとる
足指の感覚を強くする足袋

和服はふたつの気をつくります。

和服を着る人自身が感じる気がひとつ。ふたつ目は和服を着ている人の存在が生む空気感です。

和服を着ると帯を締めることによって腰は立ち、丹田は温かく保たれ体全体が整えられていきます。成人式や結婚式などの特別な日は別として、ゆるめの普段着の着付けでも帯の効果は絶大です。小物の足袋《たび》も親指と他の指をまとめて心地よく足元の力を高め、暑いさなかの夏着物の姿は涼を呼び、たおやかな風情をもたらします。

着物の身だしなみ

着くずれの直し方

衿の直し方

左はわきから手を入れ右は衿先を引きととのえる

衣紋がつまったら

着物のすそをたくしあげ長じゅばんをつかみひきさげる

帯のたれ

長いとき

体に近い方を上へひっぱる

短いとき

下へひっぱる

帯がゆるんだとき

少しずつ●の部分を上へ引く

お太鼓のはね

お手洗いにいった後必ず下げる

おはしょりの応急処置

帯の下で手をすべらせておはしょりのしわをのばす

すそのくずれ

おはしょりをめくり少しずつ様子をみながら引き上げる

背中のたるみ

①

②

背を左右に引きおはしょりを下に引いて整える

第3章
気づかいのあるふるまい。

日本人とはきもの

外の邪気を
家の中に持ち込まぬよう
はきものを脱ぐ
畳でくらす都合上、
そして座敷の由来が
神聖な空間だった
ことから、はきものを
脱ぎ、失礼のないように
するためだったなど、
諸説ある

日本におけるはきものの起源には諸説ありますが、『魏《ぎ》志《し》倭《わ》人《じん》伝《でん》』では人々は裸足《はだし》だったと記されているなど、昔は高貴な人が特別な機会にのみ用いられるものだったのだと思われます。

屋内ではきものを脱ぐ日本の習慣は、高温多湿で床が畳だったことが大きいと考えられますが、外の邪気を家の中に入れないためという説もあります。また、靴を脱ぐ国は日本以外にもあり、トルコやイランなどでは、やはり家の中に穢れたものを持ち込まないという考え方からその習慣が生まれました。

はきものの決まりごと

脱ぐときの作法

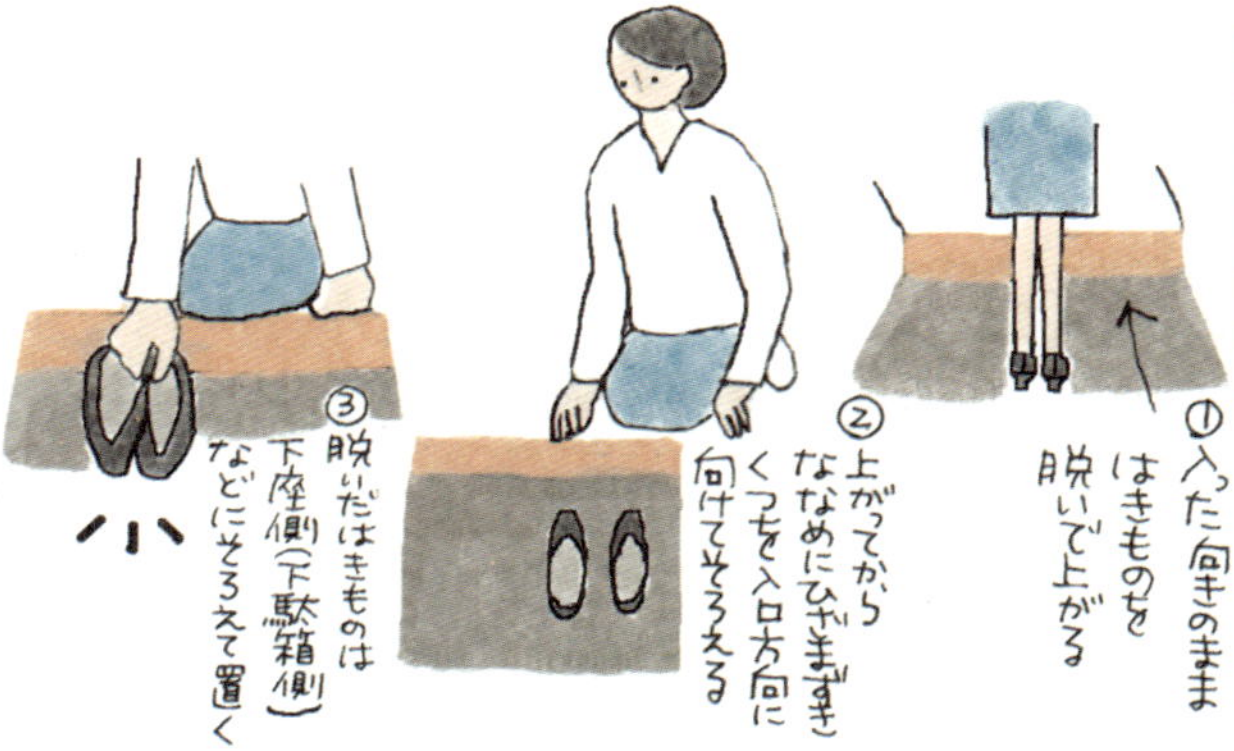

草履

ブーツ

はくときの作法

お辞儀の作法

身体の中でいちばん
大事な頭を下げてみせて
敵意のないことをあらわす
かたち
おじぎを
連想させる
埴輪がある
おじぎの
最古の記述は
『魏志倭人伝』
盗み、あらそいごとなく
すべての人は目上の人に
道をゆずり、ものごとを
説明する時はうずくまり
ひざまずき、両手を大地について
うやうやしく敬礼する

お辞儀が出てくる最も古い文献は、『魏志倭人伝』です。道で高貴な人に出会ったときは草に入り道を譲り、ひざまずいて頭を下げると書かれています。また、お辞儀をしているようなかたちの埴輪《はにわ》もあり古代からの風習であることを物語っています。

もともとは相手に対して敵意がないこと、無抵抗であることを表したものでしたが、それが時とともに敬意の表れへと変わっていきました。ちなみに、お辞儀の語源は物事を行うのにちょうどよい時期を意味する「時宜《じぎ》」。ことばを発してからするのが、正式なお辞儀のしかたです。

お辞儀の基本

立つお辞儀

手の置き場

座るお辞儀

美しいお辞儀のポイント

体を起こす時も心を込めてゆっくりと

上座と下座

上座と下座の位置関係

座る位置には、左が上座で右が下座という決まりごとがあります。由来は諸説ありますが、中国の作法の書物『礼記《らいき》』では、命にかかわる大事な心臓が左にあるためとしています。他にも体を南に向けたときに、太陽の昇る東側が左になるからという説や、黄泉の国から帰ってきたイザナギノミコトが左目を清めると天照大神《あまてらすおおみかみ》が生まれたからという説などがあります。

人にお茶などをすすめるときにも、下座、つまり相手から見て右側からという決まりになっていますが、国によっては反対になることも覚えておきたいところです。

上座と下座のバリエーション

部屋の場合

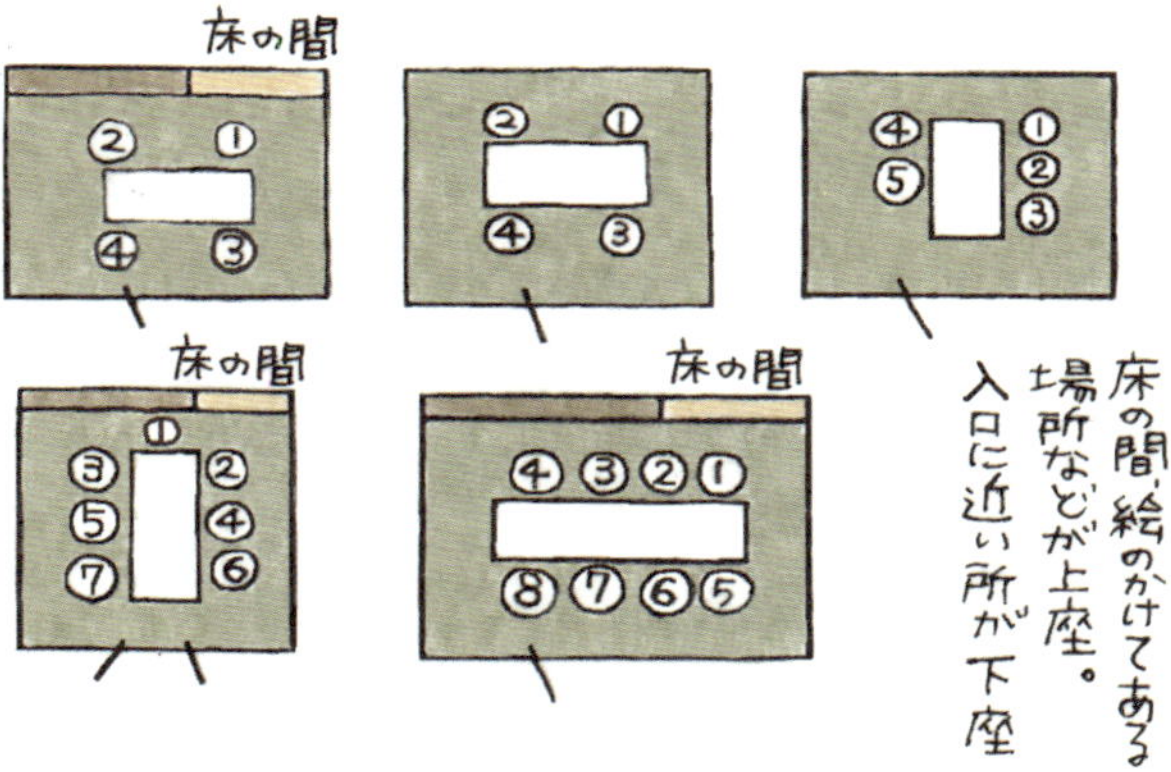

面接で待つ場合

さまざまな場で

和室の歩き方

畳の歩き方
足を高く上げないように
静かに音をたてず
すべらせるように歩く
美しい足さばきのコツ
平行に足を運ぶ
なるべく
足の裏を
見せぬように
歩く

和室で美しく歩くには、足運びは平行になめらかに、できるだけ足の裏を見せないように心がけるのがコツ。つま先よりも足の真ん中やかかとを少し擦って歩くようなイメージです。和服なら足袋と足袋が擦れる音がします。

畳の縁《ふち》を踏まない決まりごとは、境目を意識することが多い日本人の性質も影響していますが、畳の縁に刻まれている家紋を踏まぬようにという配慮や、あまり強いものでなかった植物染めの縁を大事にするためだったなどの理由があります。

ふすまの作法

開け閉めは三回に分けて

ふすまの開け方

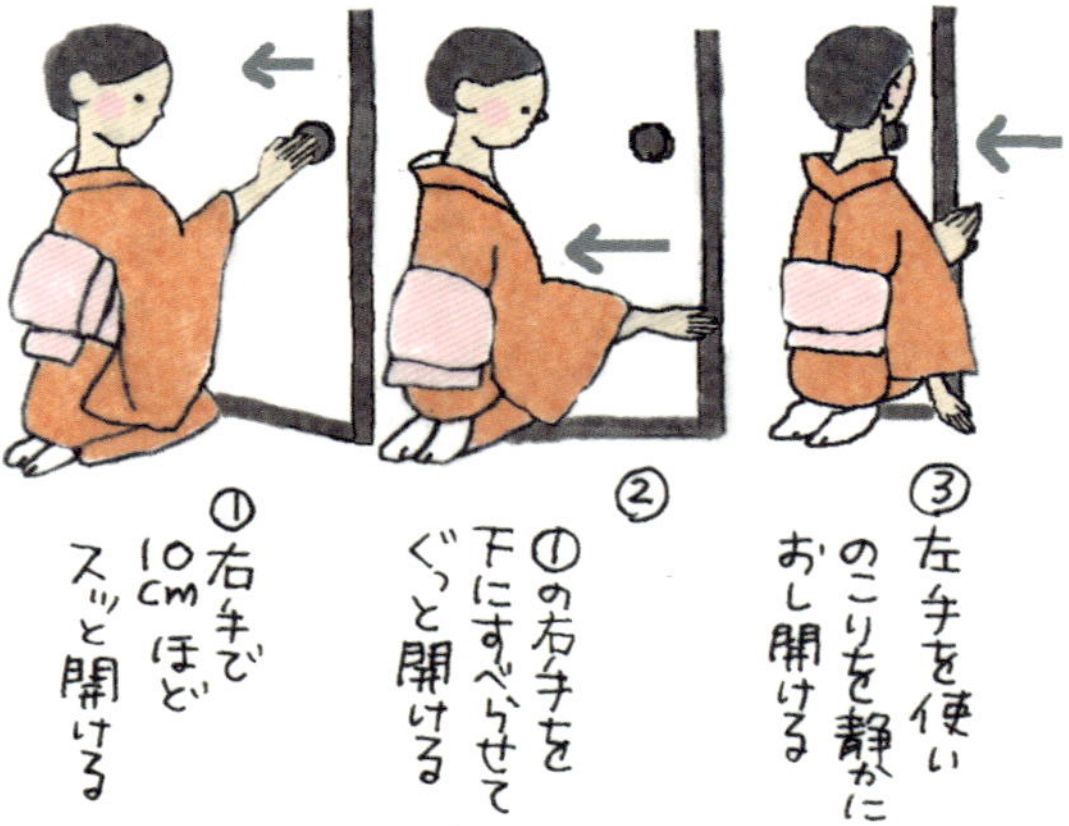
① 右手で10cmほどスッと開ける
② ①の右手を下にすべらせてぐっと開ける
③ 左手を使いのこりを静かにおし開ける

ふすまの閉め方

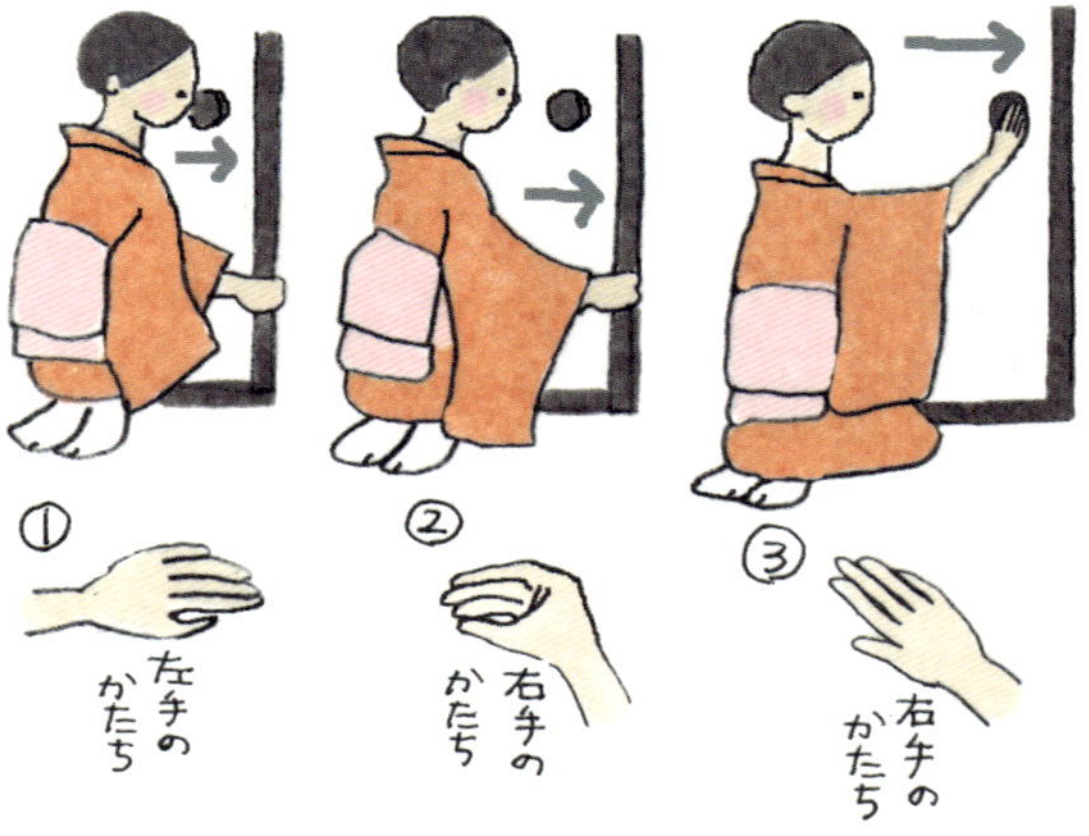
① 左手のかたち
② 右手のかたち
③ 右手のかたち

手の作法

右手の決まりごと

お辞儀をするときやかしこまったとき、右手の上に左手を重ねるのは「あなたを敬い危害を加えるようなことはしません」というメッセージを送るため。お辞儀で頭を下げるのと同じような意味のある所作です。

ことばや目の表情と同様、手や指の動きも相手に強い印象を残すということで、日本では座ってお辞儀をするときの手のかたちにもこだわりがあります。指先まで意識を働かせることで、美しく見えるのはもちろんですが、心を豊かにする感覚を養うよい機会にもなります。

手の作法の由来

攻撃力のある利き手の「右手」は使いません、という意思表示をして、信頼してもらうためのカタチ
神職や公家の「笏」は右手に持つ決まり

かしこまり待機する際の手のかたち。右手をおさえる

手の作法のバリエーション

手のかたち

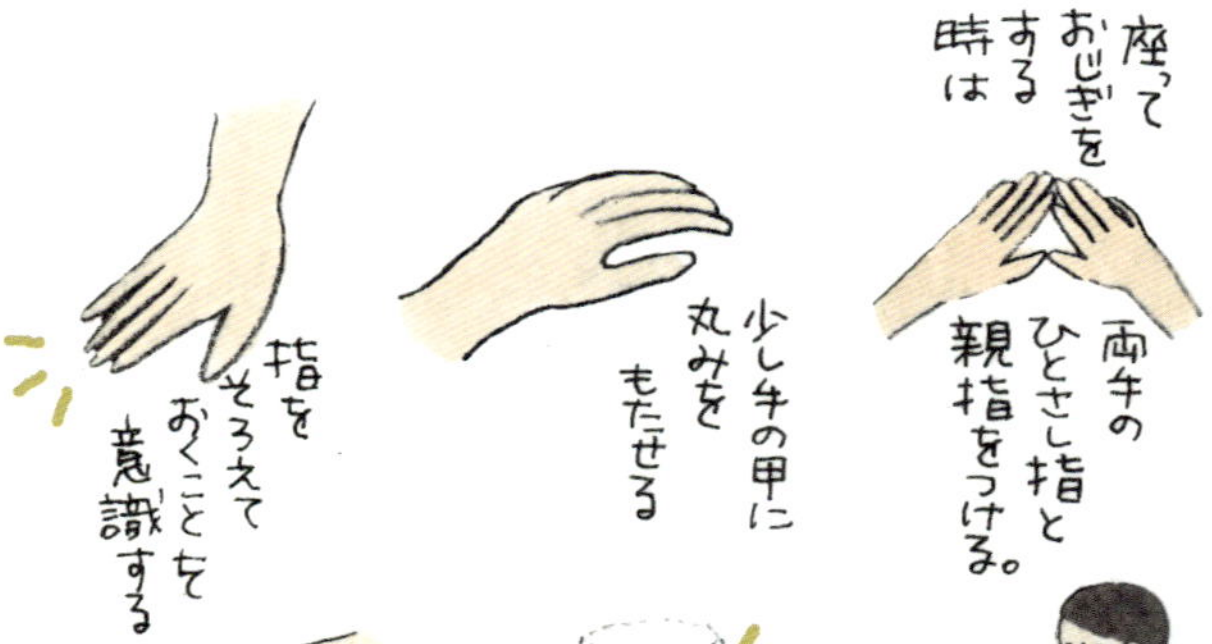
座っておじぎをする時は
両手のひとさし指と親指をつける。
少し手の甲に丸みをもたせる
指をそろえておくことを意識する

きれいに見える工夫

指先に意識を向ける習慣をつけておく
物を持つときには指先でつまむ感覚をおぼえておく
やわらかくゆっくりと動かす

手を美しく保つストレッチ

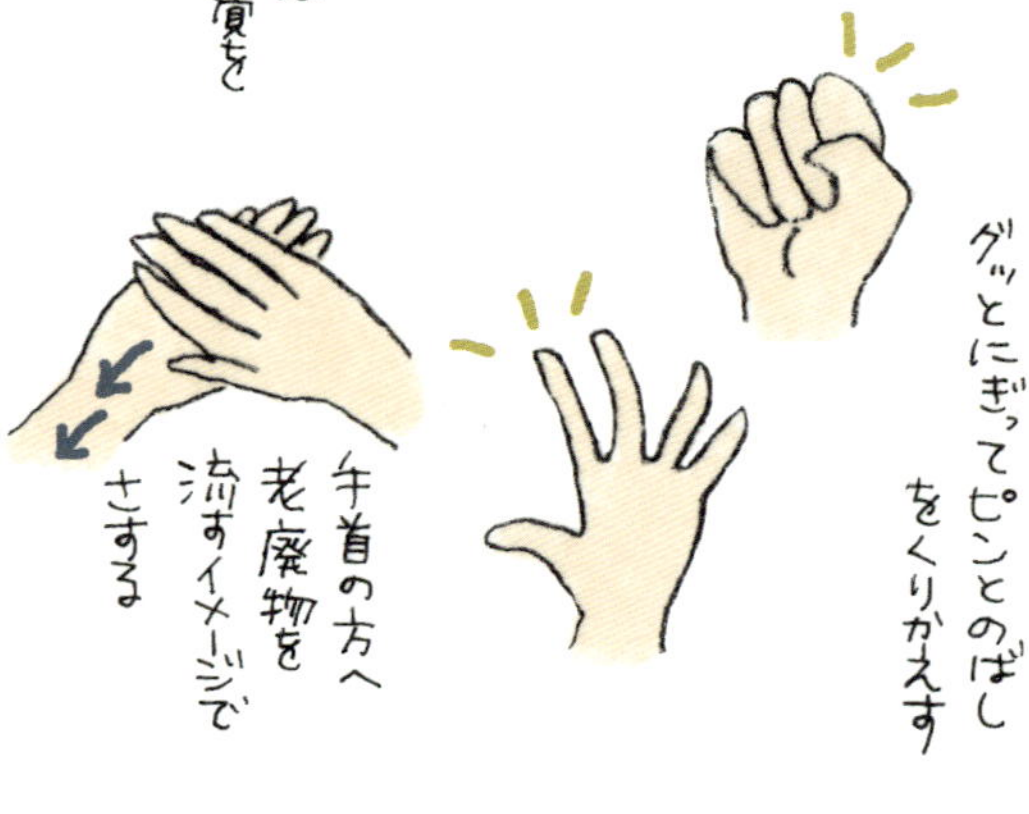
グッとにぎってピンとのばしをくりかえす
手首の方へ老廃物を流すイメージでさする

和式の歩き方・座り方

腰を落とし
すり足。
音をたてずに
歩きたいときに
便利
片足を前に
出す力だけで
歩く
洋式歩行は
後ろ足を
けりあげる
力も使う

和式と洋式の歩き方は、基本的に足の力の入れ方が違います。和式が前に足を出す力で進んでいくのに対して、洋式は後ろ足を蹴り上げる力も使います。静かに音を立てずに歩くイメージと颯爽と風を切るようなイメージ。服装のかたちなどの生活スタイルによって生まれた違いです。

礼儀正しい座り方と考えられている正座は、それほど古くからあるしきたりではないのですが、現在は日本の大事な作法となっています。座り方はもちろん、正座から立ち上がる姿にも気を配るときれいな動きに見えます。

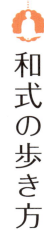

座る作法

きれいな正座

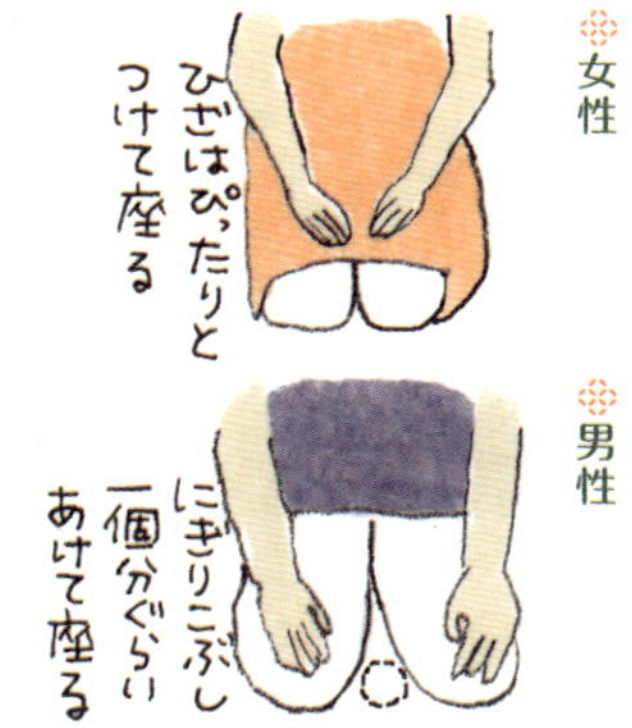
女性
ひざはぴったりとつけて座る
男性
にぎりこぶし一個分ぐらいあけて座る

両足の親指は重ねて座る
やや前のめりに。そりかえらぬように座る

正座から立ち上がる

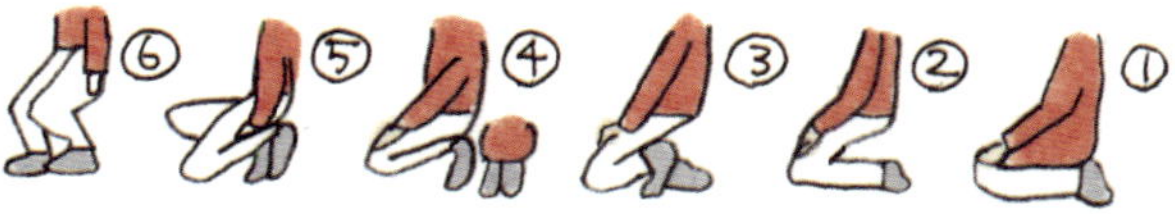
①
②
③
④
⑤
⑥

座ぶとんに座る

座ぶとんをすすめられてから会釈して座る
一回でのらず何回かにわけて移動し座る。
ひざをのせてからにぎった手をついてのっていく

電車の中で美しい足

ひざとかかとをつけるとよい。
軽く横に流す

紹介の作法

紹介の順番の由来

古来、用件の取り次ぎは下から上へ。
現代の紹介の順番の由来は昔の家のつくりやならわしが元になっているという説がある。
立場が上にあたる人に先に情報を伝える。
立場が下にあたる人が先に礼をする。

初めて会う人同士の紹介の順序は、立場が上の人に先に情報をお知らせするのが基本。国際的なマナーも同様ですが、男性と女性の間で行う場合、国際ルールでは先に男性を女性に紹介しますが、日本では同じような立場の人同士でしたら、年齢を優先します。

これは、昔でいえば武家を訪問する際、はじめは従者から紹介し、最後に主人へと引き継いでいくという流れや、現在でも落語や講演などで主役が最後となる発想ともつながりがあると考えられています。

名刺交換のポイント

名刺の差し出し方

立って交換する。
目下から先に差しだす。

相手より低い位置で。
テーブルをはさまない。

交換のしかた

①胸の高さに両手で持ち差し出し名のる。
②頂戴いたします、といいながら名刺入れの上で両手で受けとる。

名刺を置く場所

名刺入れの上にのせて左なめ前に置いて話をする。

拍手のならわし

古代日本では
貴人に会うと手を打ち
拍手をするならわしがあった
音で魂を動かす
「魂ふり」の発想が由来
という説がある
「大人の敬する
所を見れば
ただ手を搏ちて
以て跪拝に
当つ」
『魏志
倭人伝』

コンサートなどで感動を表現する際に行う現代の拍手と違い、古来日本で行われてきた拍手は、身分の高い人に会ったときの拝礼の代わりでした。

拍手の種類

礼手《らいしゅ》

食前、食後や盃を受けるとき
一拍手

忍手《しのびて》

神道式の葬儀の参列にて。
音をたてず
二回拍手

手締めのいろいろ

お手を拝借
宴会のおわりなどに
事の決着などを
祝い拍手をして
しめとする

●三本締め
シャシャシャン、シャシャシャン、シャシャシャンシャン！を三回繰り返す

●一本締め
シャシャシャン、シャシャシャン、シャシャシャン、シャシャシャンシャン！を一回

●関東一本締め
よーっ、シャン！の一回

出雲大社の参拝

二拝
四拍手
一拝

出雲大社の参拝では、普通の神社の二拝二拍手一拝とは異なり、二《に》拝四拍手一拝《はいよんはくしゅいっぱい》が基本。

第4章 食卓を囲むお付き合い。

お酒にまつわる話

世界でも珍しい燗《かん》

神話の中で
ヤマタノオロチを
退治する時
スサノオは酒を飲ませた
お酒は本来、
神や尊いものと
交流を深める
ためのもの
貝原益軒の
『養生訓』
「およそ酒は
夏冬ともに
冷飲熱飲
よろしからず
温酒を
飲むべし」
腸を助け気を巡らす。
アルコールを
あたためて飲む
燗の方法は
世界でも珍しい

お神酒の由来

お祭りにおけるお酒は神さまをお迎えし、もてなすときの大切な飲み物です。お神酒《みき》をお供えし、お下がりをみんなでわけることで霊力をいただくという考え方があります。盃にお酒をついで飲み回す盃事《さかずきごと》は、夫婦や兄弟、親子の間で行われてきましたが、これは同じ器のお酒を飲むことで、一体になる目的があります。

今の日本は、いつでもどこでも食べ物が入手できるのと同様、お酒も手に入ります。「ハレの日の飲み物」の役割をもつことは忘れさられようとしています。

お酒のつぎ方・受け方

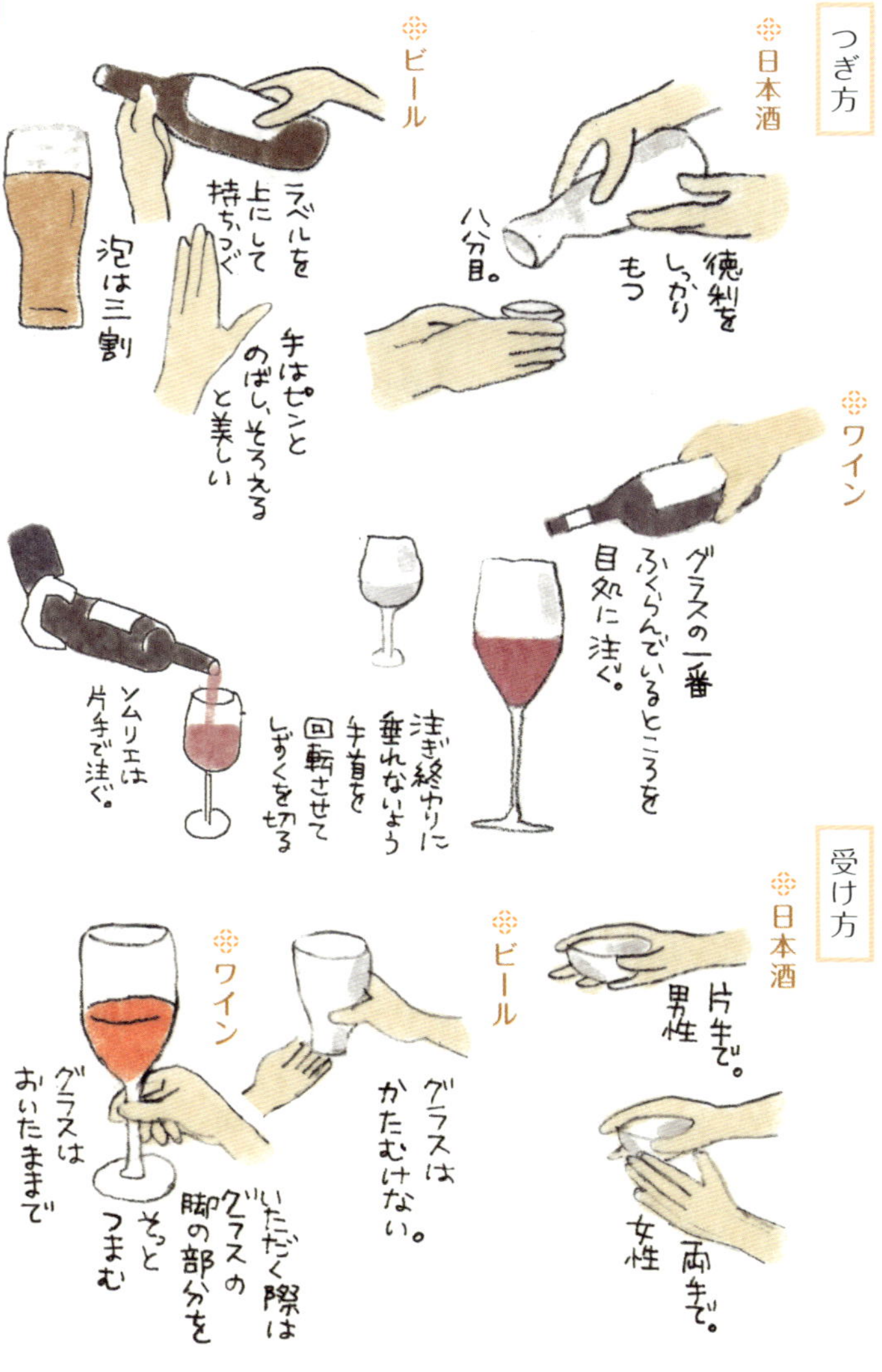
つぎ方
日本酒
徳利をしっかりもつ
八分目。
ビール
ラベルを上にして持ちつぐ
泡は三割
手はピンとのばし、そろえると美しい
ワイン
グラスの一番ふくらんでいるところを目処に注ぐ。
注ぎ終わりに垂れないよう手首を回転させてしずくを切る
ソムリエは片手で注ぐ。
受け方
日本酒
片手で。
男性
両手で。
女性
ビール
グラスはかたむけない。
ワイン
いただく際はグラスの脚の部分をそっとつまむ
グラスはおいたままで

日本酒を味わう

燗酒《かんざけ》のつくり方

熱燗
① 鍋にとっくりの半分がちょうどつかるぐらいの分量の水をはる
② ①のとっくりをとり出し沸とうさせる
③ 火を止めてとっくりを入れあたためる
④ 底に手をあててみて「やや熱い」と感じたらできあがり
ひと手間かけてていねいにあたためるとまろやかな味わいに
人肌燗
さわると温かい
35度
ふくらみのある味
ぬる燗
熱くはない
40度
香りがよく出る
養生訓の温酒

枡《ます》の使い方

4本の指で底をささえ親指を枡のふちにかける。飲むのは平らなところから
グラスに直接口をつけてすする
グラスが空になったら枡の酒を注いで飲む。
枡から直接でもOK

飲み方いろいろ

冷や
常温で飲むこと。燗をしていない酒
ロック
大きめの氷を入れて、冷やした日本酒を注ぐ。
50ml〜60ml
冷酒
ビールと同じ程度に冷やして。7℃ぐらい。辛口の吟醸酒、大吟醸などが適している

江戸の肴《さかな》

さつま砂糖漬鯛

鯛の切り身を味噌漬けに。1日おいて砂糖をまぶす

揚出大根

胡麻油で大根を揚げしょう油をかけ大根おろしをのせる

こおり豆腐

豆腐を寒天でくるみ冷やす。酢じょう油と練り辛子でいただく

昼の月

とろろに青海苔をのせてうずらの卵をおとす

竹虎

焼きあとをつけた厚揚げに青葱をのせる

味噌豆腐

水切りした豆腐をガーゼに包み味噌に一晩つけ込む

磯菜卵

酢と塩を加えた湯に卵を割り落とし半熟まで煮る

白和え

白胡麻を煎り、すり鉢ですり、味噌と豆腐、ゆでたえびを和える

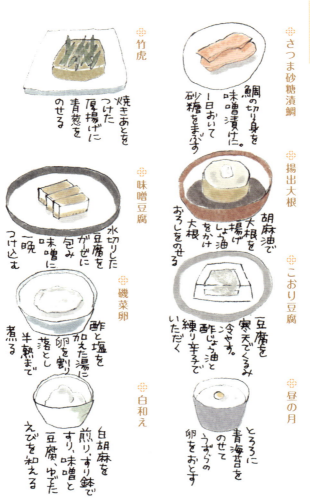

箸を使う

祝箸《いわいばし》

神
人間
晴れの箸。柳、檜から
つくられた
白木の箸。
両端が丸く
真中は
ふくらみが
ある
神さまと
ともに
お供えものを
いただく時の箸。
お正月などに
使う
食事の前に
箸を拝むならわしが
ある地域も。
箸を
使う前の
箸への
祈り

日本では食事だけでなく、生まれてから死ぬまでさまざまなシーンで箸を使います。お食《く》い初《ぞ》めの儀式から厄除けの南天《なんてん》箸、長寿を願う延寿《えんじゅ》箸。亡くなった際には末期《まつご》の水を口に運んでもらい、ご飯に箸を立て、偲《しの》び箸で骨を挟んで骨壺《こつつぼ》に運びます。

人の一生だけでなく、さまざまな年中行事や神事の際に箸が登場するのは、神と人、聖なるものと日常をつなぐ役割を果たす道具だから。箸の語源も「端と端をつなぐもの」「食と口との間を渡すもの」など、ふたつのものをつなぐ働きを表しています。

箸のマナー

箸を持つまでのしぐさ

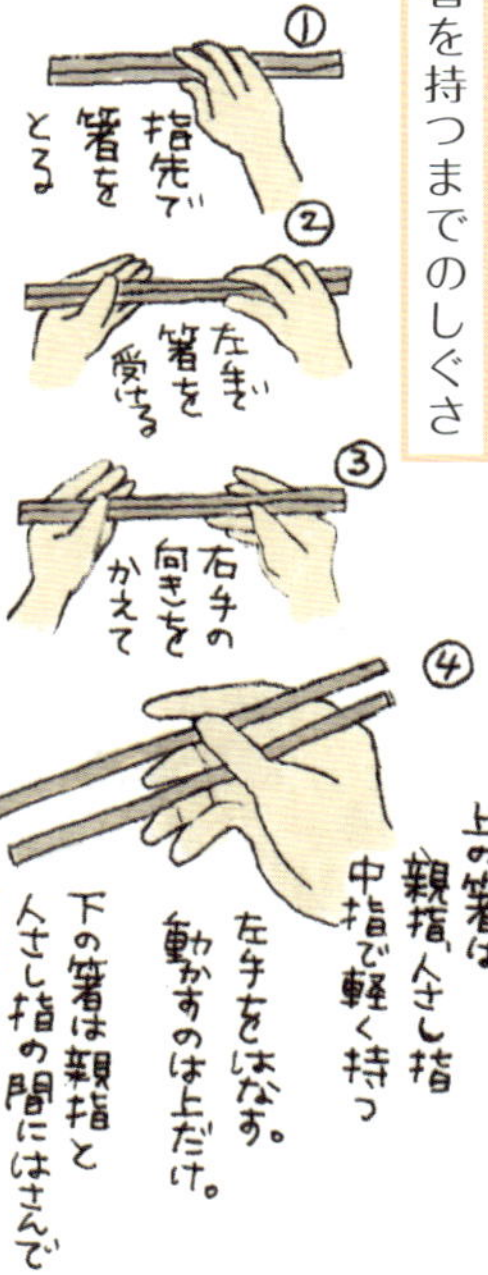
①
指先で箸をとる
②
左手で箸を受ける
③
右手の向きをかえて
④
上の箸は親指、人さし指、中指で軽く持つ
左手をはなす。
動かすのは上だけ。
下の箸は親指と人さし指の間にはさんで固定し、薬指の爪の横にあてる

箸のタブー

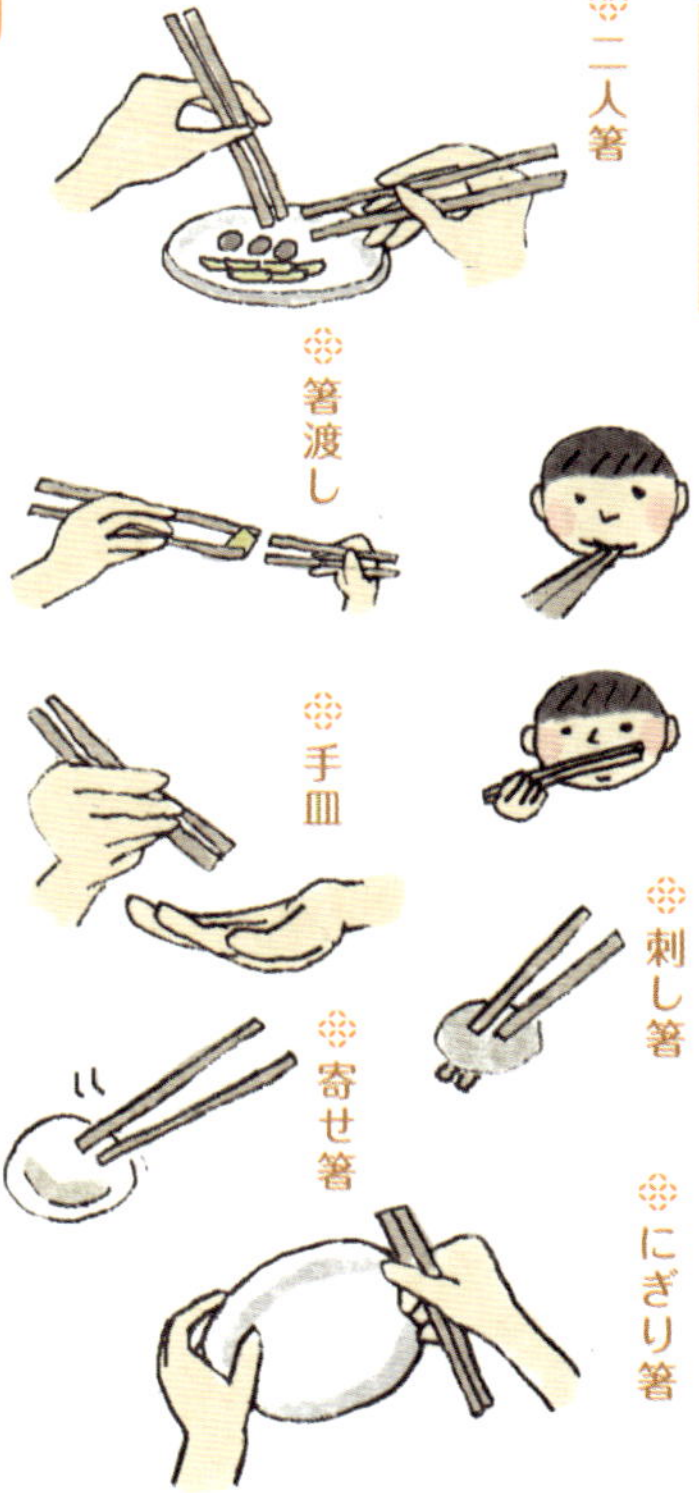
二人箸
ねぶり箸
箸渡し
よこ箸
手皿
刺し箸
寄せ箸
にぎり箸

割り箸の割り方

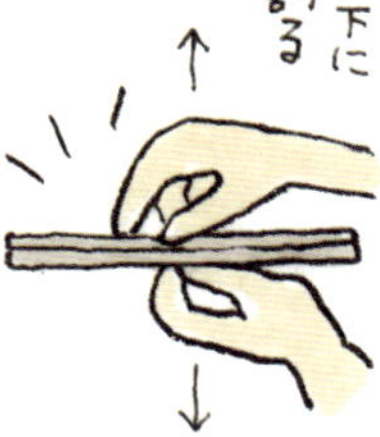
上下に割る

使いやすい箸の長さ

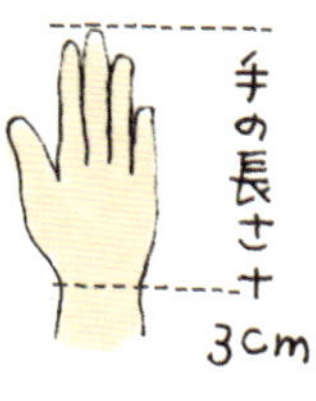
手の長さ+3cm

お米と日本人

稲魂
田の神が訪れ
稲を見守り
豊かな実りをもたらす
収穫を
迎えたら
神さまと
一緒にいただいて
力を得る
散米《さんまい》
お供えをしたり
お米をまいて
白米の力で
悪いものを祓う
神饌《しんせん》
力のある
ご飯をつまみ
人と結びつける
はしわたしをするのが箸

稲にまつわるお祭りや行事は、日本各地いたるところで行われています。稲に宿る霊力を稲魂《いなだま》といい、古い文献の『延喜式《えんぎしき》』などでは宇迦之御魂神《うかのみたまのかみ》とされています。

春になると天や山からやってきて稲の生育を見守り、秋の収穫が終わると帰る神さまを迎え、見送る風習が各地に残っているのは、お米に対して日本人が特別な気持ちを抱いているしるし。お米をまいたりお供えしたりするのは、精霊が宿るお米には邪気を退ける力があると考えられてきたからです。

和食の作法いろいろ

左手の親指をふたにかけて持つ
注ぎ口が盃にあたらないように
茶わんは左手の親指を縁にかけて中指と薬指で底を持つ
飯櫃のふたは櫃にかけてふたの裏がみえないようにする
食べものについた歯の形が三日月にならないように二口続けて食べて角を落とすようにいただく
ナプキンは大きいものは四つ折りに小さいものは二つ折りに
天ぷらの塩はつまんでかける
箸は右手の親指ではさみながら左手で器を持ち右手をそえる

精進と懐石

精進料理と懐石料理について

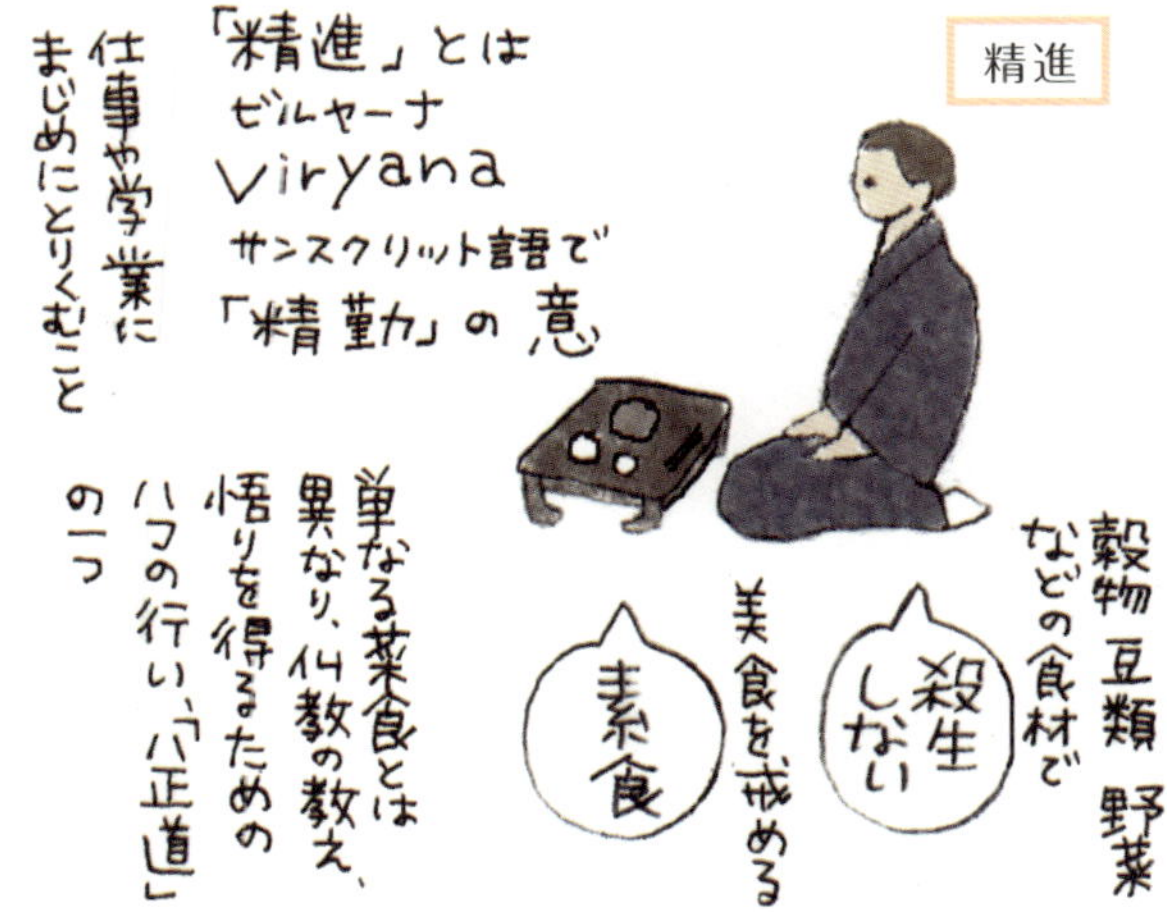
精進
「精進」とは
ビルヤーナ
viryana
サンスクリット語で
「精勤」の意
仕事や学業に
まじめにとりくむこと
穀物 豆類 野菜
などの食材で
殺生しない
美食を戒める
素食
単なる菜食とは
異なり、仏教の教え、
悟りを得るための
八つの行い「八正道」
の一つ

懐石
禅宗の僧の
空腹しのぎの
温い石「温石」
が由来
茶の湯の席で
強い茶をすすめる前に
出す簡素な料理のこと

精進《しょうじん》料理は穀物や野菜を中心にした素食のこと。懐石《かいせき》料理は茶の湯の席でいただく簡素な料理です。どちらも和食のマナーを身につけたうえでいただきたいところです。

和食で押さえておきたいマナー

手で持ってもよい器
重箱
椀
どんぶり
しょう油の皿
小皿
鉢
手で持ってはいけない器
天ぷらの大皿
大皿
魚の皿

あけにくいふたは横にずらしながら
魚はひっくり返さず骨をとり裏の身もいただく
抹茶をいただく際は指輪をはずす
とったふたはお盆の外におく。小皿として使ってもよい
わさびはしょう油にとかずにいただく
ふたに貝殻を入れない

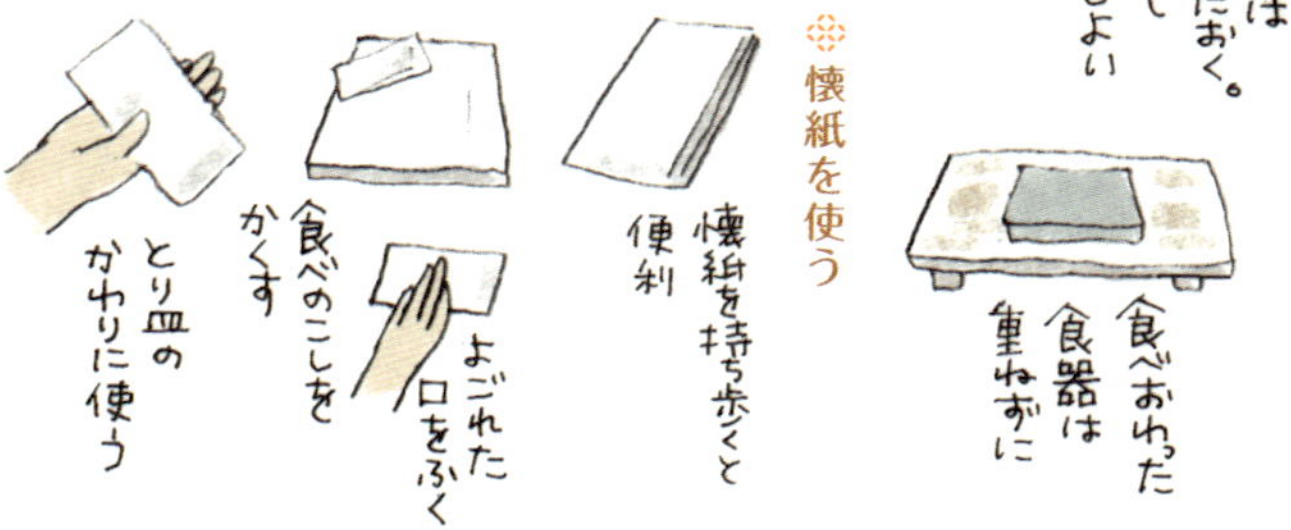
懐紙を使う
食べおわった食器は重ねずに
懐紙を持ち歩くと便利
よごれた口をふく
食べのこしをかくす
とり皿のかわりに使う

魚の食

お祝いの鯛の由来

鯛をお祝いの膳に使うのは
「めでたい」の「たい」に通じる
語呂あわせと
赤い色、立派なフォルム
そして味もよいから。
長寿の魚でもある

神話では
「赤女」の名。
縄文人も
食した

縁起のいいお祝いの魚といえば鯛《たい》です。古くは縄文の時代から食べられていたことがわかっていますが、お祝いの一番の魚が鯛ではなく鯉《こい》だった時代も長く、端午《たんご》の節句の鯉のぼりなどにそのなごりが見られます。鯉がもてはやされたのは、江戸時代以前、国の中心だった京都で手に入るのが海の魚ではなく川魚だったことが大きな理由です。

頭から尻尾まで揃ったままの状態で調理された魚を「尾《お》頭《かしら》つき」と呼び、お祝いごとに使います。初めから終わりまで全うする「完全なもの」を意味しています。

魚料理の食べ方

お寿司の食べ方

①寿司を左に倒し平行にはさむ
②ネタにしょう油を少しつけていただく
がりやお茶で舌先の油をとりながら
符牒は客は使わない
あがり↓お茶
おあいそ↓おかんじょう
むらさき↓しょう油

焼き魚の食べ方

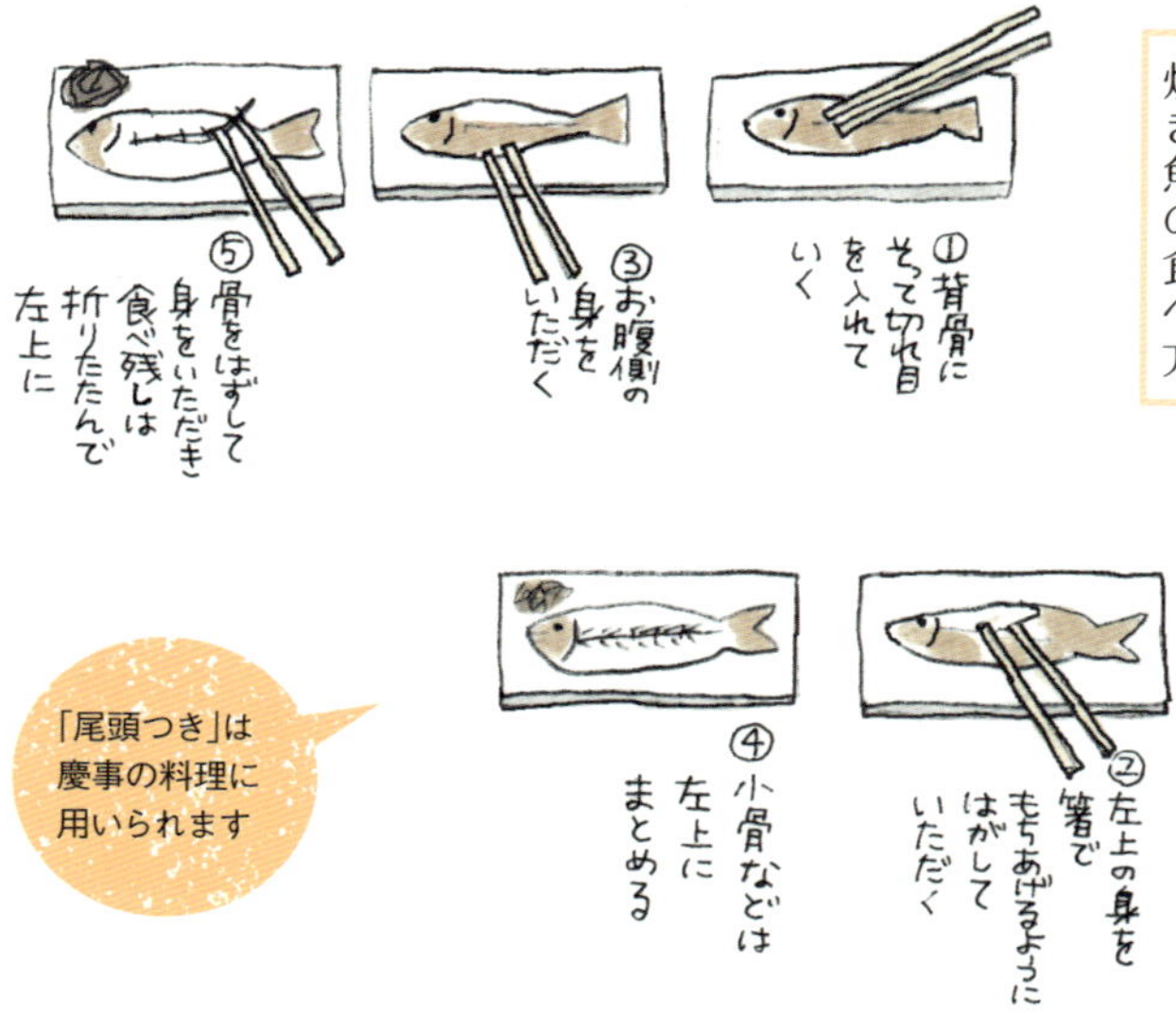
①背骨にそって切れ目を入れていく
②左上の身を箸でもちあげるようにはがしていただく
③お腹側の身をいただく
④小骨などは左上にまとめる
⑤骨をはずして身をいただき食べ残しは折りたたんで左上に

「尾頭つき」は
慶事の料理に
用いられます

お茶をたしなむ

茶はクスリ

喫茶養生記
栄西は
茶に関する日本最古の書、
『喫茶養生記』で
「養生の仙薬
延命の妙術なり」と
説いた
臨済宗の開祖「栄西」。
中国から茶の種を持ち帰り広めた

最澄《さいちょう》や空海《くうかい》なども、中国から持ち帰っていたという、お茶。当時は上流階級の一部の間でたしなまれていましたが、今より飲みにくかったせいか、世間に広がることはありませんでした。

鎌倉時代に、禅宗のお坊さんの栄西《えいさい》が体によいとすすめたことや、当初よりも飲みやすい、現在の抹茶と同じような風味のものが主流になっていたことなどから、庶民にまでお茶の風習は広がっていきました。茶道は禅宗と深く結びついていますが、作法の決まりごとなどは宗派によって異なります。

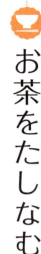

お茶のすすめ方

①
お盆をテーブルの端におく
②
お客様の右側。向かって左に置く。菓子はお茶の左側に
絵柄はお客様の正面に向ける
内側の柄も正面に向けて
お熱いうちにどうぞ
手で示してお声がけ。2回ほどがベスト
茶たくはかさねてテーブルでセットする

はじめての茶席

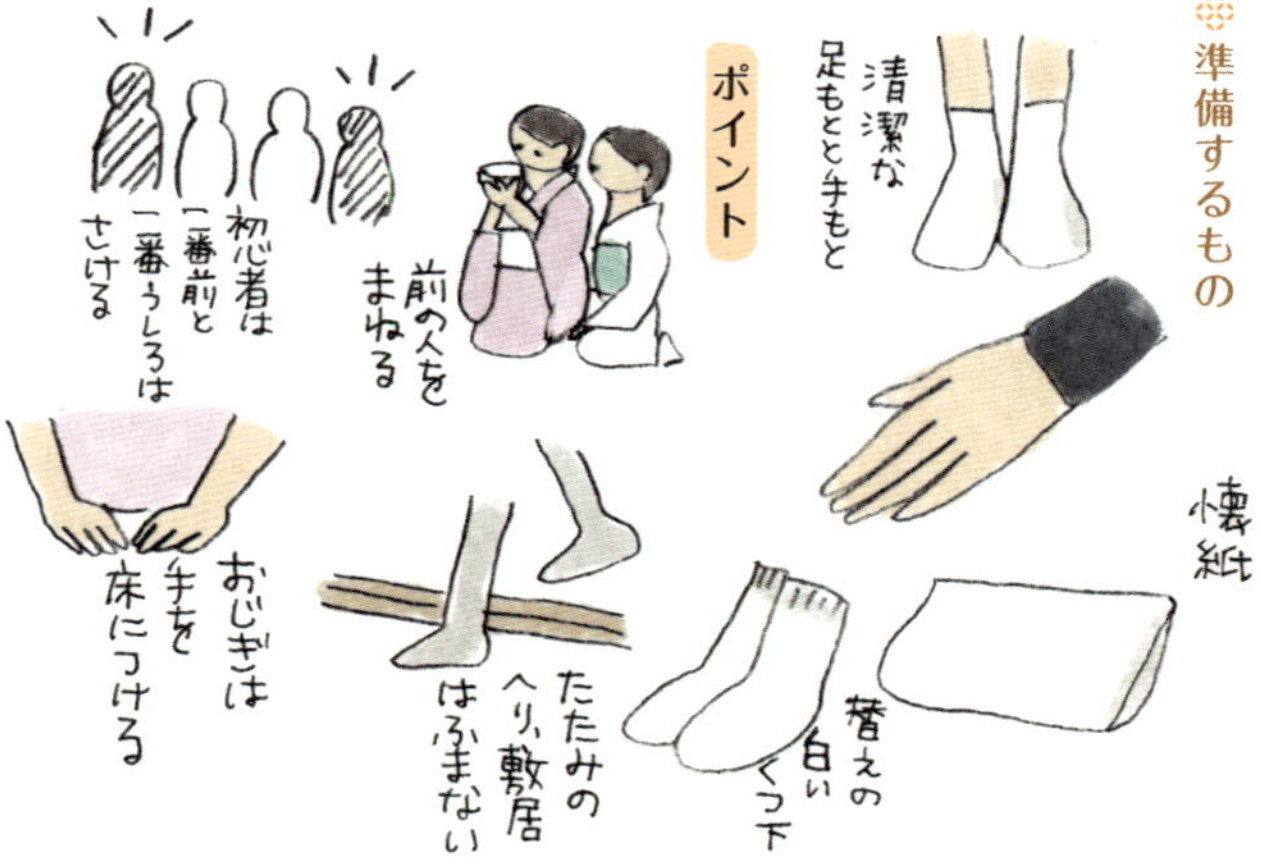
準備するもの
清潔な足もとと手もと
懐紙
替えの白いくつ下
ポイント
前の人をまねる
初心者は一番前と一番うしろはさける
たたみのへり、敷居はふまない
おじぎは手を床につける

第5章
贈り物をするということ。

おすそわけ

おすそわけの由来

亡くなった方の
衣服をわけあう。
形見分けの風習が
おすそわけの由来
という説がある

日本には、おすそわけなど、いただいたものや気持ちの一部を他の人や生き物、そして目に見えないものとわけあうという発想があります。また、木守りといって、収穫後、柿の実を少し残しておくならわしがありますが、これには翌年の豊作を祈ると同時に、冬を迎える野山の鳥たちのために残すという、人間以外の生き物とわけあう考え方があったとか。

ちなみに、諸説あるおすそわけの由来のひとつ「形見分け《かたみわ》」は、亡くなった方の魂にあやかり、力をわけてもらうためのものでした。

信仰のおすそわけ

お守り・お札

お祈り

お伊勢参り

おすそわけの際のことばのかけ方

祝う作法

お祝いごとを慶事《けいじ》といいますが、「慶」の字には「祝う」「おめでたい」「よろこびごと」などの意味があります。

代表的な慶事には結婚や出産、七五三などの子どもの成長にまつわるお祝いや長寿の記念（還暦、古希《こき》など）があり、それぞれ祝い方のマナーがあります。

お祝いの贈り方

結婚のお祝い
お祝いの品を送る場合は式の一週間前ぐらいまでに
式に招かれたら出欠にかかわらず贈りものをするのがおすすめ
ご祝儀の相場
御祝
友人・知人・会社の同僚 ↓ 三万円
兄弟・姉妹 ↓ 五万円
会費制の場合
祝儀袋に入れずに受付けで渡す
新札を準備するがアイロンでしわをのばしてもOK
出産祝い
出産された後の10日～1ヶ月後ぐらいにご都合をうかがい、日中に訪ね、短時間で
表書きは「御祝」。お母さんへの贈りものもおすすめ
御祝
病気のお見舞い
気のおけない人なら何度も足を運ぶ。一回15分程度に
病状が不安定なら家族に相談してから。はっきりわからない時は手紙で

季節のお見舞いのことば

代表的な季節のお見舞いに「暑中見舞い」と「残暑見舞い」があります。送るタイミングとことばを整理しました。

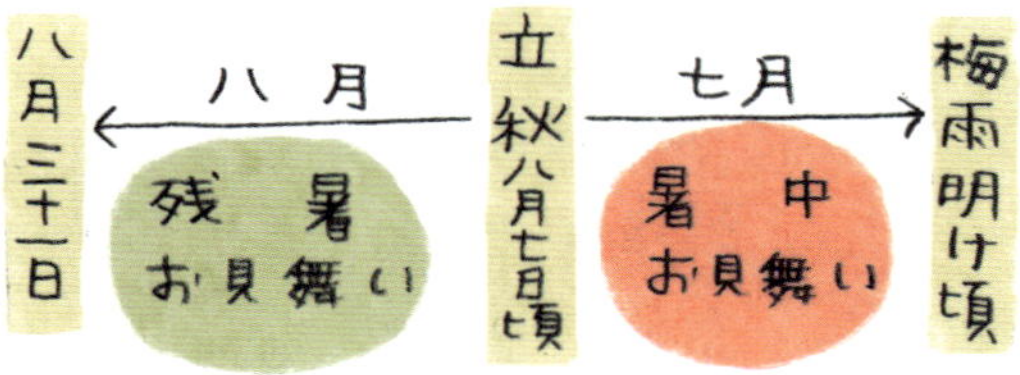

●暑中お見舞いの文例

「暑中お見舞い申し上げます」ではじめ
いよいよ夏本番となりました
日差しが強くなりました
連日寝苦しい夜が続きます
夏らしい入道雲の湧く季節となりました
厳しい暑さが続きます
「〇年　盛夏」などでしめる

●残暑お見舞いの文例

「残暑お見舞い申し上げます」ではじめ
残暑厳しき折り、いかがお過ごしですか
ようやく朝夕は幾分しのぎやすくなりました
空の高さにこころなしか秋の気配がみえます
厳しい残暑が続きますが
秋の気配を朝夕に感じるようになりました
「〇年　晩夏」などでしめる

お歳暮とお中元

お歳暮
お歳暮は年の暮れの先祖の霊へのお供えもの、親元や本家へのおくりものだった
お中元
日本古来の祖先を敬いお供えものをする日(お盆)と中国の道教の考え方が合わさったもの

お歳暮やお中元は、お世話になった人や目上の人に感謝の気持ちを表す贈り物です。もともとは先祖を祭るためのお供えものがはじまりでした。お歳暮では年の暮れに年越しの食べ物にする鮭《さけ》や鰤《ぶり》などを実家や親族に贈りますが、これも先祖へのお供えのなごりといえるでしょう。

一方のお中元は、中国の民族宗教である道教とお盆、そして日本の祖霊《それい》の祭りなどが合わさって生まれたもの。お中元によくそうめんが贈られるのは、そうめんが祖霊へのお供えものに使われていたためです。

お歳暮とお中元の時期

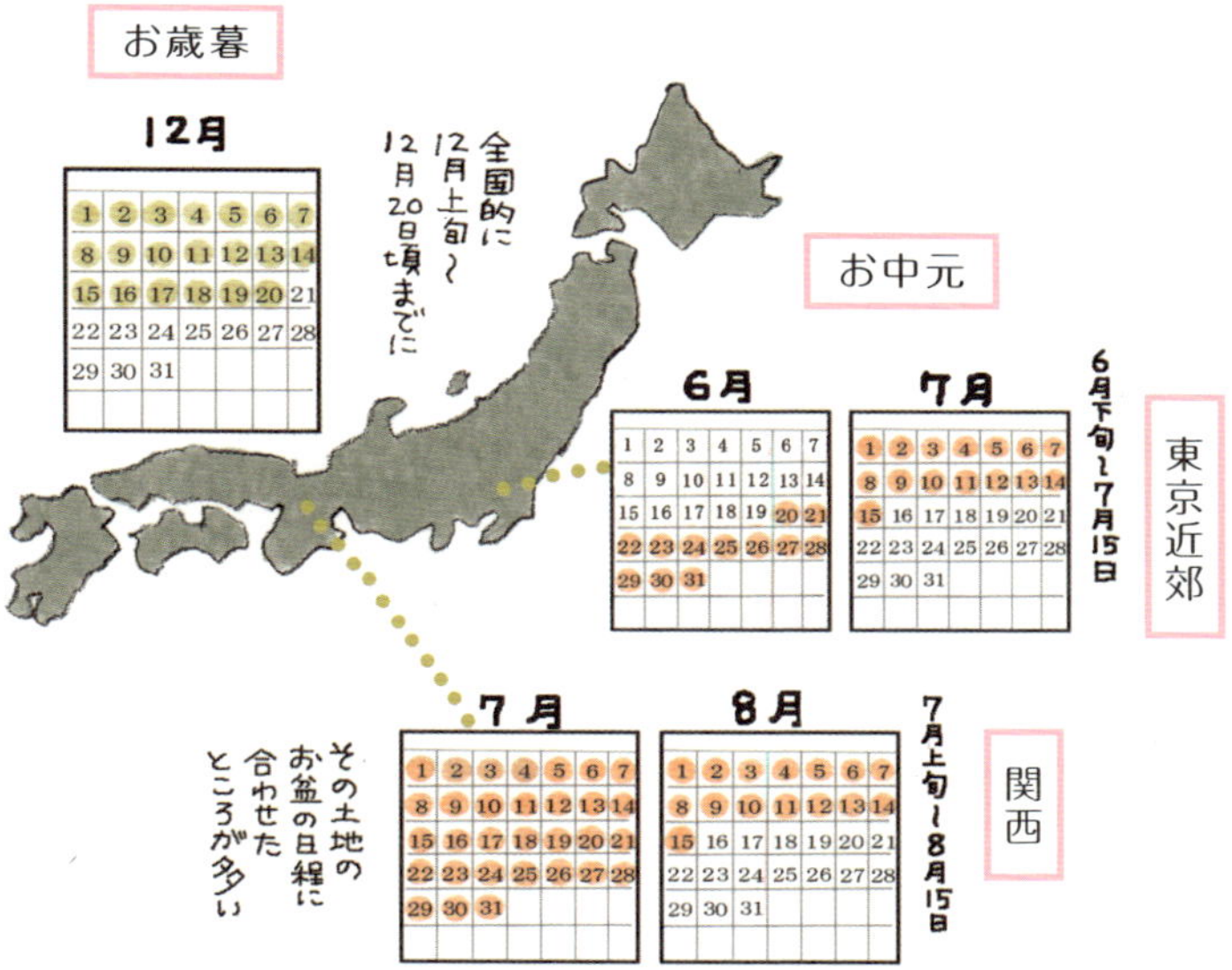
お歳暮
12月
全国的に12月上旬〜12月20日頃までに
お中元
6月
7月
6月下旬〜7月15日
東京近郊
7月
8月
7月上旬〜8月15日
関西
その土地のお盆の日程に合わせたところが多い

期間を逃したら

8月7日頃の立秋までは「暑中見舞い」8月末までは「残暑見舞い」に

お礼について

ハガキや手紙で2、3日中に出すのがおすすめ。メールや電話でのお礼は身近な人に対してのみ使う

「包む」文化

風呂敷の起源は、正倉院に収蔵されている僧侶の衣類を包む「ころも包み」といわれるもの。日本人の、贈り物をする際に「包む」所作に気持ちをこめるという習慣は、現代にもかたちを変えて引き継がれています。

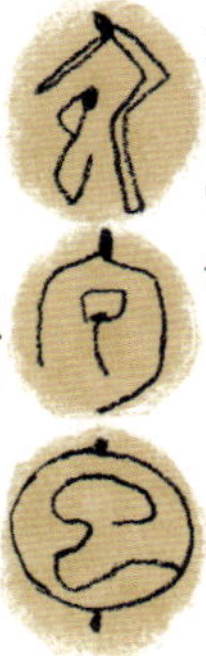

「包」の漢字の由来
おなかに子どもを宿した女性のかたち

平安時代の「ころもづつみ」。
衣装などを布で包んでいた

室町時代
伊勢流 小笠原流の
礼法が整い
さまざまな包み方の
種類が増えた

平包み

奈良時代
正倉院の御物を
大切に収納するために
布に包んでいた

風呂敷の包み方

平包み

結び目のない格式高い包み方

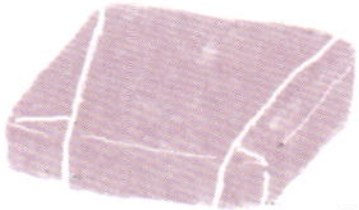

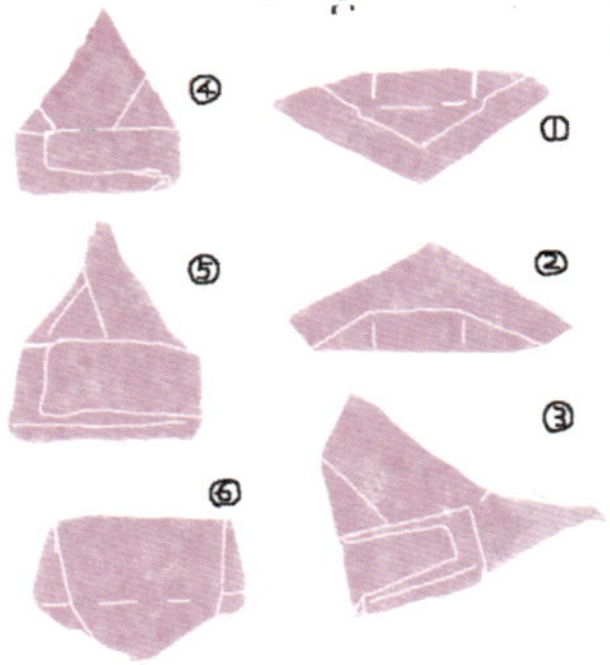

お使い包み

日常、あらたまった場面の両方使える

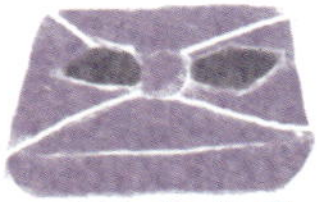

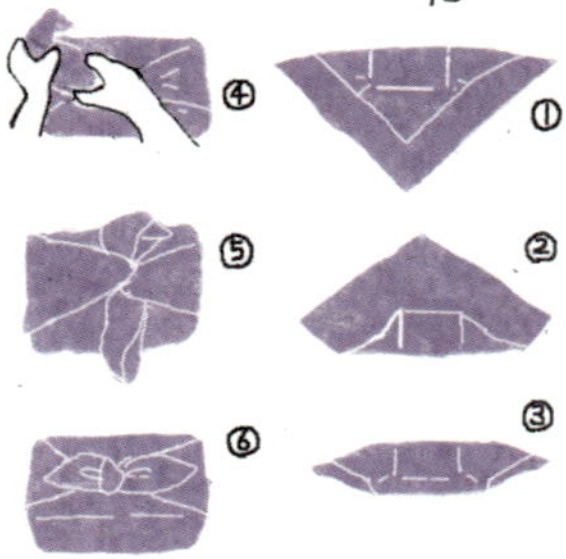

慶事の右包み

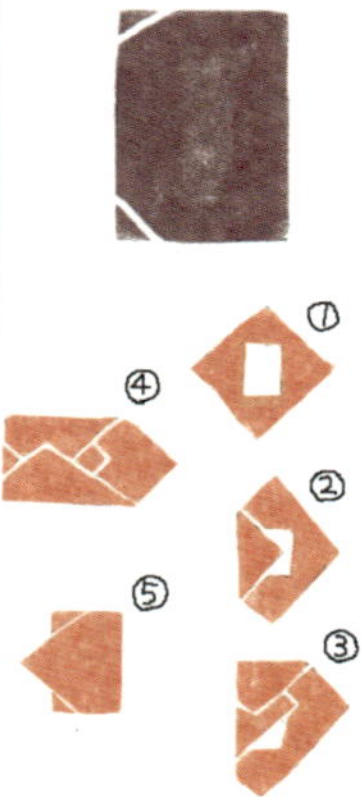

弔事の左包み

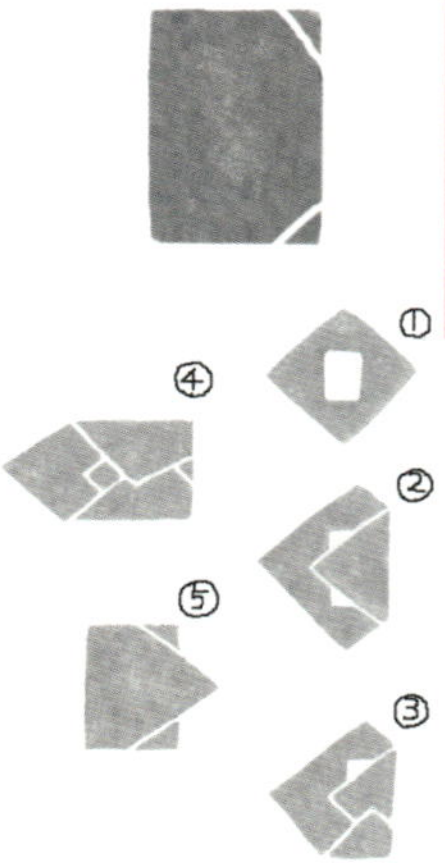

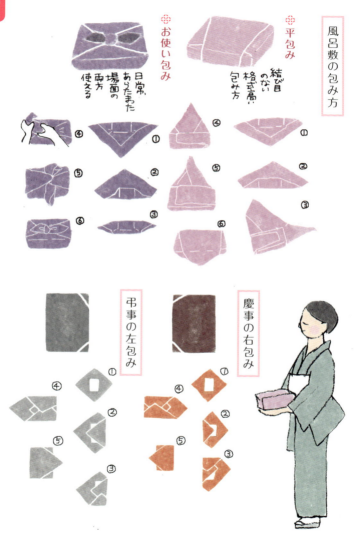

結ぶ

「二人して結びし紐を
一人してわれは解きみじ
直に会うまでは」『万葉集』
結び目には魂を封じこめる
力がある。
産霊の神の「ムス」は生成発展、
「ヒ」は霊 神秘的なはたらきの意味
旅の安全や
無事を祈る
松の枝や草草を
結ぶまじないが
あった

“結び”という言葉には、「違うものが調和し、新しい活動が起きる」という意味があります。

たとえば、男女の結びつきによって生まれた「むすこ」「むすめ」は、「むすびひこ」「むすびひめ」を略したものです。

食べる結びの「おむすび」、着る結びの「はちまき」、運ぶ結びの「風呂敷」、そして、しめ縄などの祈りのかたちの結び、契《ちぎ》りの結びなど、さまざまな力を生み出す働きをもつ“結び”が、日本人の日々の暮らしの中に根づいています。

本書をお買い上げいただき、誠にありがとうございました。
質問にお答えいただけたら幸いです。

◎ご購入いただいた書籍名をご記入ください。

『　　　　　　　　　　　　　　　　　　　　　　　　　　　　』

★著者へのメッセージ、または本書のご感想をお書きください。

●本書をお求めになった動機は？

①著者が好きだから　②タイトルにひかれて　③テーマにひかれて
④カバーにひかれて　⑤帯のコピーにひかれて　⑥新聞で見て
⑦インターネットで知って　⑧売れてるから／話題だから
⑨役に立ちそうだから

生年月日	西暦　　　年　　　月　　　日（　　　歳）男・女			
ご職業	①学生	②教員・研究職	③公務員	④農林漁業
	⑤専門・技術職	⑥自由業	⑦自営業	⑧会社役員
	⑨会社員	⑩専業主夫・主婦	⑪パート・アルバイト	
	⑫無職	⑬その他（　　　　　　　　）		

ご記入いただきました個人情報については、許可なく他の目的で使用することはありません。ご協力ありがとうございました。

郵　便　は　が　き

料金受取人払郵便

代々木局承認

1536

差出有効期間
平成30年11月
9日まで

1 5 1 8 7 9 0

203

東京都渋谷区千駄ヶ谷4-9-7

（株）幻冬舎

書籍編集部宛

1518790203

ご住所　〒
都・道
府・県

フリガナ
お名前

メール

インターネットでも回答を受け付けております
http://www.gentosha.co.jp/e/

裏面のご感想を広告等、書籍のPRに使わせていただく場合がございます。

幻冬舎より、著者に関する新しいお知らせ・小社および関連会社、広告主からのご案内を送付することがあります。不要の場合は右の欄にレ印をご記入ください。　不要贈り物をするということ。

水引《みずひき》

贈答品や季節の飾りものに結び心を込めるためのもの

結びの用途

花結び

「何度あってもうれしいこと」お礼・出産栄転祝いに

結び切り

「一度でありますように」婚礼・全快祝弔事などに

あわび結び

「末長いおつきあいを」慶事・弔事お見舞・婚礼

水引の本数

基本は奇数で結ぶ

しめ縄

お祝いごとに黒白、黄白の水引はさける

飾り結び

梅結び

ご縁を結ぶ飾り。神具や仏具

① T字型に

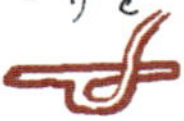

② 下の紐を上におりあげる

③ 右の輪を左下に下げる

④ 左の輪を右下に折り上にあげた組紐の輪に通す

⑤ 折り上げた紐先を下に折る

⑥ 左の輪を右上に折り上げる

⑦ 右下を左側に折る。⑤で下げた紐の輪に通す

⑧ 形をととのえる

春夏秋冬

第6章 和の心を尊ぶ儀礼と行事。

春夏秋冬

お正月の過ごし方

一年を祝福するお正月

正月は祖霊、年神と呼ばれる神さまをお迎えしもてなしお見送りする
すすはらい
「そうじ」の意味だけでなく、心身を清める意味がある
松迎え
山に入り、約2ケ月間にわたる祭のための松をとりに行く
しめ飾り
災いをもたらす神さまが家の中に入りませんようにというまじない
どんど焼き
火を焚いて飾りを燃し、正月の神さまをお見送り

お正月は、新しい年のはじまりに家を訪れる神さま（年神《としがみ》さま）をお迎えし、もてなし、お見送りする行事です。準備をはじめる「事始《ことはじ》め」から数えると、約二カ月間にわたるお祭りです。

家の中が祭場になるため、聖域を示すしめ縄などを飾るほか、門松《かどまつ》など神さまが訪れるための目印をしつらえます。

お正月の神さまは、訪れた際に新しい年を無事に幸せに暮らすための力、「年魂《としだま》」を授けて歩くという考え方があり、それがお年玉の由来だといわれています。

新年のご挨拶にまつわること
①事前に連絡してから訪問する。日時と滞在時間を告げる
○月○日の○時から○時ぐらい
②到着時間
ジャストか2〜3分、おくれるぐらいがよい
コートは脱いでおく
③
手みやげは部屋に入ってからわたす
④
明けまして……
ごあいさつをする
初詣の種類
二年参り
除夜の鐘を聞いてすぐに参拝に行く
恵方参り
北
北東
東
南東
南
南西
西
北西
自宅から見て恵方の方角にある神社に参拝すること
お正月飾りの作法
飾りつける日
26日以降。苦難日の29日一夜飾りの31日はさける
飾る期間
松の内の7日までもしくは小正月の15日までなど。
鏡餅
鏡開きの11日まで
始末のしかた
新聞紙や半紙に飾りを置き、塩をふって清め処分する
どんど焼きで焚きあげる。新聞紙などに包み、持参

春夏秋冬

五節句

節句とは、季節の節目となる日のこと。人日の節句（一月七日）、上巳の節句（三月三日）、端午の節句（五月五日）、七夕の節句（七月七日）、重陽の節句（九月九日）を五節句といい、おなじみの年中行事を行います。

人日《じんじつ》の節句

一月七日。七草の日。古来、日本には野山に出て若菜を摘むならわしがあった

上巳《じょうし》の節句

三月三日。水辺で身を清め不浄を祓うならわしと、形代に穢れをうつし、身代わりになってもらうならわしが、流しびななどの風習に

五節句に使うもの

七草のかご
七草がゆ
この時期にとれる若菜を摘んでもよい
セリ
ナズナ
ゴギョウ
ハコベ
ホトケノザ
スズナ
スズシロ

蛤をいただくのは古代、山や海に出かけ、邪気を祓うならわしがあり、貝を拾ったなごり
心臓のかたち矢じりなどのかたちをあらわしているという説などがある。

端午《たんご》の節句

五月五日。田植えの前に穢れを祓う日本古来のならわしや、薬草を摘み菖蒲湯に入るならわしなどが由来

菖蒲

菖蒲とよもぎを浮かべた菖蒲湯に入り、邪気をはらう

かぶと

鯉のぼり

鯉のぼりやかぶとは力強さの象徴。

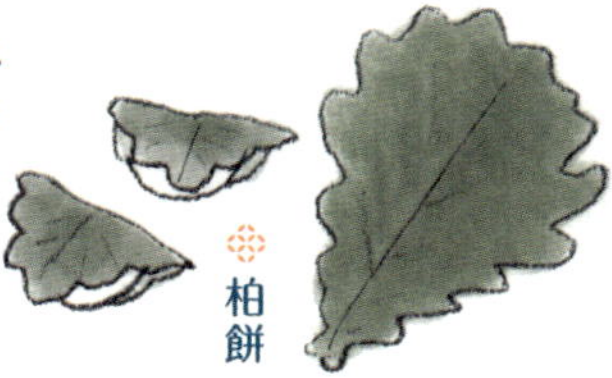

柏餅

柏の葉は新芽が育つまでは古い葉が落ちないことに縁起をかついだ子孫繁栄の縁起もの

万葉の時代の端午の節句

薬玉《くすだま》

万葉時代には薬草摘みをし、薬玉にしたて、部屋に飾り邪気をはらっていた

鹿の角

狩りをし、漢方薬になる鹿の角を採った

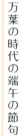

七夕《たなばた》の節句

七月七日。中国の星伝説と日本古来の棚機《たなばた》つ女《め》伝説、七月のお盆の先祖祭などが結びついたもの

笹と五色の短冊

寺小屋がさかんになった
江戸時代にはじまる。
詩歌などを書き
習い事の上達を願う。
五色の色は 陰陽五行の
考え方から。

梶の葉

紙の短冊の前は
梶の葉などに
書いた

ねむの木

睡魔を邪気ととらえ
はらうために
ねむの葉を飾ったり
川に流した

里芋の葉の朝露

天の川のしずくに
たとえられた
里芋の朝露で
墨をすり、
願い事を
書く

書道道具

願いごとをつづる
道具を飾ったり
水で洗いきれいにする

水鉢に
夜露をため
使っても

水に映る
星を眺めて
祈りを込める

重陽《ちょうよう》の節句

九月九日。別名菊の節句。邪気を祓い長寿を願う日

菊酒

菊を飾り菊の花を浮かべた菊酒をいただく

葉の香りを使ってもよい。

栗ごはん

栗の節句の別名も。栗ご飯をつくりお供えする

茱萸袋《ぐみぶくろ》

端午の節句の薬玉と茱萸袋《ぐみぶくろ》をとりかえる

菊の着綿《きせわた》

菊の花に綿をかぶせ夜露と香りをうつしとる。その綿で朝、体をなでると美しさを保ち、長寿になる、というまじない

春夏秋冬

お盆と迎え火

日本古来の祖霊信仰
田の神、山の神は祖霊と考える説がある
日本に古くからある個性を持たない先祖の霊、「祖霊」をまつる考え方
+
中国仏教の盂蘭盆経の説話
お盆は日本の古くからの風習と中国仏教の教えが結びついたもの

お盆は、地域によって期間が異なり、七月十五日ごろに行われる「七月盆」、八月十五日ごろに行われる「八月盆」、そして旧暦七月十五日ごろに行われる「旧盆」の三種類があります。

古くからあった日本の祖霊のお祭りと、中国から渡ってきた仏教の盂蘭盆経《うらぼんきょう》の説話などが結びついたもので、ならわしもさまざま。一般的には精霊をお迎えする迎え火と、お見送りする送り火を焚きます。盆踊りで精霊を慰め、瓜や茄子《なす》、ホオズキや梨、お団子などをお供えします。

お迎えの火

13日に精霊をお迎えするための火を焚く。ほうろくなどの上で。地方により材料が違う

松

白樺の皮

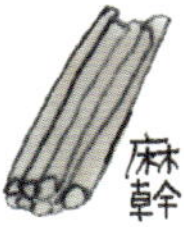

麻幹

蓮の葉飾り

蓮や里芋の葉に季節の旬のものや故人の好物をのせてお供えものに。

お盆の飾りもの

キュウリやナスに麻幹やわりばしをさして足にしてつくる。ミョウガを使う場合も。

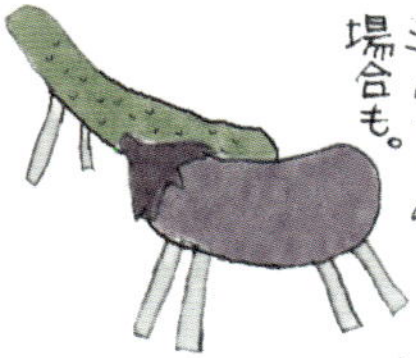

できるだけ家にはやく帰ってきてもらうためにキュウリ馬を、できるだけあの世にゆっくり帰ってもらうためにナス牛をしつらえる

お盆団子

らくがん

日持ちがしてごちそうである甘味をお供えする

ホオズキの灯り

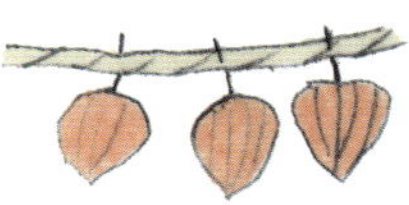

精霊の足もとを照らすお灯りとなるほおずきを飾る

ミソハギの禊

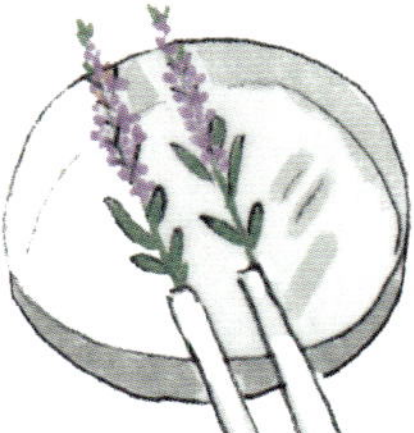

ミソハギの枝を水にひたし玄関をはらう。またはお供えする

春夏秋冬

火の力について

「火を焚く」ことで悪いものを浄化し
新たな生命力をもたらす。
浄化と再生の力
お盆の迎え火
祖霊や故人を
お迎えし
見おくる火

火の神さまは、火の働きをコントロールします。強力な力をもっているため荒ぶりやすく、祟りやすいともいわれています。

こうした側面をもつ一方で、災い除けや火事を防ぐ火伏せの神としてお札を配るところも多くあります。静岡県の秋葉山本宮《あきはさんほんぐう》秋葉神社や京都の愛宕《あたご》神社などが有名で、火祭りは見事です。

また、神話における火の神は、火産霊命《ほむすびのみこと》（迦具土《かぐつち》）で、家の中においては三宝荒神《さんぼうこうじん》として煮炊きや家を守護する神さまでもあります。

左義長《さぎちょう》の決まりごと

不燃のものはすべて
とりはずし、分別ごみへ。
新聞紙などに
包んで会場に
持参。
環境のために
なるべく自然の素材で
つくられたものを飾るのが
おすすめ。

護摩《ごま》焚《だ》きのしかた

申し込み
お寺の
受けつけで
申し込む。
最低でも
10分ぐらい前までに
すませておく
表
身体安全
○○○○
○○○○歳
願いごと
名前
数え年
フリガナをふるとよい

花見について

花見の由来はいろいろ

神話の木花咲耶姫の花は桜だという説。
春の野遊び
三月、四月の頃
山に花見にいく
ならわしがあった。
老若男女
子どもたちで
ごちそうを重箱に
つめてみなで食べる。
けがれや災いを祓うならわし。
桜の開花は
農作業の目印に。

花見の由来をたどると、花を愛でようという現代の目的とは違って、古くは農耕の仕事がはじまる前の「物忌《ものい》み」の目的がありました。大事な仕事はじめに野山に皆で出かけ、花を見て邪気祓いをしたのです。

古代では花見といえば梅の花でしたが、都の建設のために伐採されて高い木がなくなり山桜が優位になったことなどから、主役が桜に移ります。現在、私たちが都市で花見を満喫できるのは、近世になって寺社や広場、土手などに人工的に植えられた桜の名所がつくられたおかげです。

花見のマナー

敷物をしくとき
根にかからないように
注意する。

枝にものを
ひっかけない。

ゴミはできるだけ
持ち帰る。

桜にちなむ食

桜茶

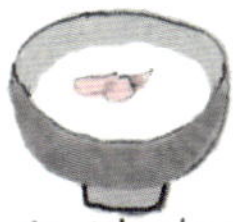

八重桜の
塩づけを
椀に入れ
お湯を注ぐ。
お祝いの席に。

桜鯛のさしみ

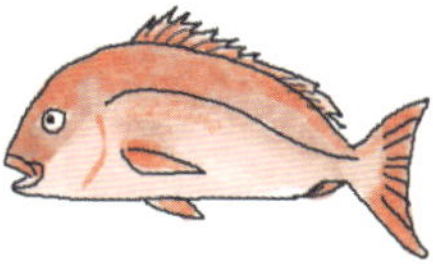

桜の咲く頃
紅色がかる鯛。
この時期の鯛は
脂ものって
身もしまり
絶ぴん。

桜煎り

蛸の足を
薄く切り
しょう油で
さらりと
味つけ
したもの。

桜粥

赤い小豆の
粥。
ほんのり
桜色。

桜飯

桜茶を
お湯で
もどしたものを
寿司飯に
まぜこむ。

夏と冬の邪気祓い

大祓

邪気祓いのならわし

一月の正月
12月31日
六月の祓い
十二月の祓い
6月30日
七月のお盆
先祖を迎えるお盆の前と年神を迎えるお正月の前に半年分のケガレを清める古来から続くならわし。
茅の輪くぐりの由来
『備後国風土記』武塔神の故事。
茅の輪を腰につければ病いや災いをのがれるといういわれから。

夏と冬、半年に一度行われる大きな邪気祓いが「大祓《おおはらえ》」です。知らずのうちに犯した罪や穢れを取り除くことで、災いを避けることができるという古代から続く儀礼のひとつです。六月三十日に行われるものを夏越《なごし》の祓といい、厳しい夏を越えるという意味や、和やかになるという意味があります。

夏越の祓では大神社の鳥居の下、拝殿の前などに茅草《かやくさ》でつくられた大きな輪（茅の輪）をくぐりますが、「水無月の夏越の祓する人は千とせの命のぶといふなり」などと唱えながら行います。

夏越の祓の作法

まず一礼。
初めは左回り、次は右回り。
三回目は再度左回り。
各地により違いがある。
最後も一礼。
形代
形代で体をなで息を吹きかける。
神社へもっていきお祓いをしてもらう。
姓名と年齢を書く。
小さな茅の輪を玄関などにとりつける。

日本人のイニシエーション

人生のタイムライン

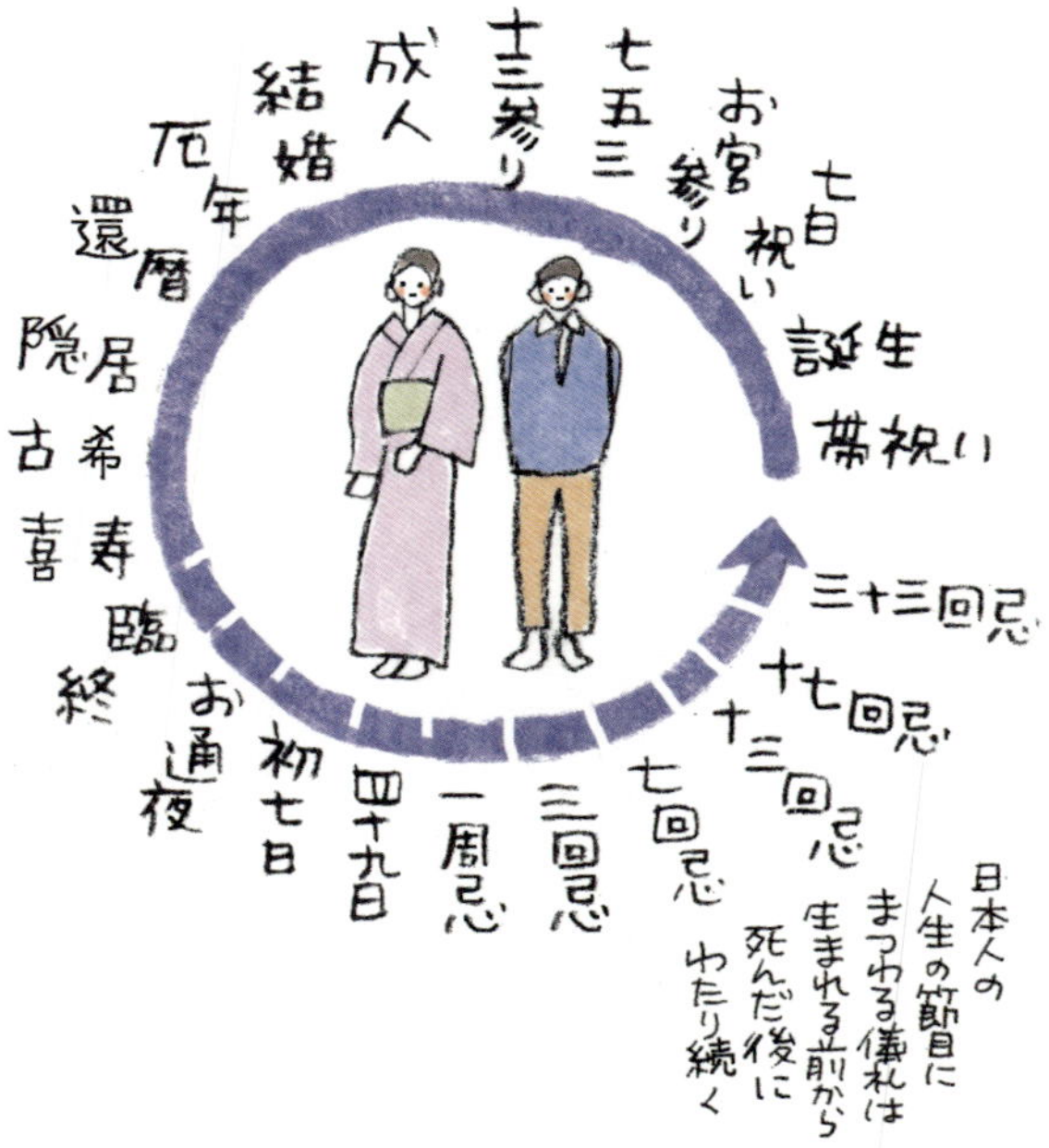
帯祝い
誕生
七日祝い
お宮参り
七五三
十三参り
成人
結婚
厄年
還暦
隠居
古希
喜寿
臨終
お通夜
初七日
四十九日
一周忌
三回忌
七回忌
十三回忌
十七回忌
三十三回忌
日本人の人生の節目にまつわる儀礼は生まれる前から死んだ後にわたり続く

日本人の一生にはさまざまな儀礼が設けられています。これらは年中行事と同じように、一生の節目にリズムよく訪れます。

注目したいのは、生まれる前から死んだあとまで儀礼は続いていくこと。命を授かるようにと子産石に願いをかけたり、お腹《なか》に宿る命が無事に生まれますようにと祈る妊婦の帯祝いなどがある一方で、亡くなったあとにも初七日や一周忌、四十九日や三十三回忌、そしてお盆を含めると長い年月にわたる儀礼があります。

誕生を願う祈り

子宝祈願

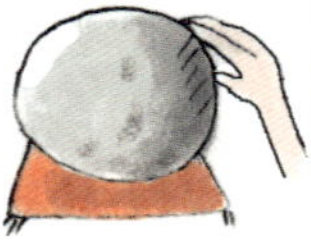

子宝が授かるよう祈る。

子産石は子どもを授かるようなでる

誕生までのお祝い

帯祝い

岩田帯

妊娠五ヶ月の戌の日に行う風習。

出産という大事な仕事の前に、慎んで過ごし、力をたくわえる物忌みのならわし

誕生してからのお祝い

お宮参り

生後、はじめてお参りすること。生後一ヶ月くらいまでに。

祖母がだくのが一般的

お参りは正装で

お食い初め

生後100日目。一生、食べものに困ることのないように祈る儀礼

七五三

七歳五歳三歳の節目に成長を祝い自覚を促す儀礼。七歳のお祝いを中心に行う地域も。

臨終にまつわること

危篤の知らせ

家族、
三親等、
親しい友人、知人

連絡を受けたら

とるものも
とりあえず
かけつける

連絡する範囲は
危篤の方が
ほんとうに会いたい人を
中心に。
「○○が危篤ですので
ぜひひと目、会ってやっていただけますか」

死去の知らせ

かけつける範囲

近親者
自他ともに許す友人
そのつもりできましたから、何でもいいつけてください

お悔やみをすませたら
手伝いを申し出る。
様子をみて、出すぎる
ことのないように

ご対面するとき

お顔からやや下がった
位置に座り、一礼。
遺族が白布をめくったら
手をついたままで対面。
深く一礼をして合掌

通夜のしきたり

受付

名前カードに
記入し、香典を
さし出す。

香典の差し出し方

ふくさをたたみ
その上にのせて
さしだす
御霊前
○○○○
相手に名前が読める
向きにして。

焼香の作法

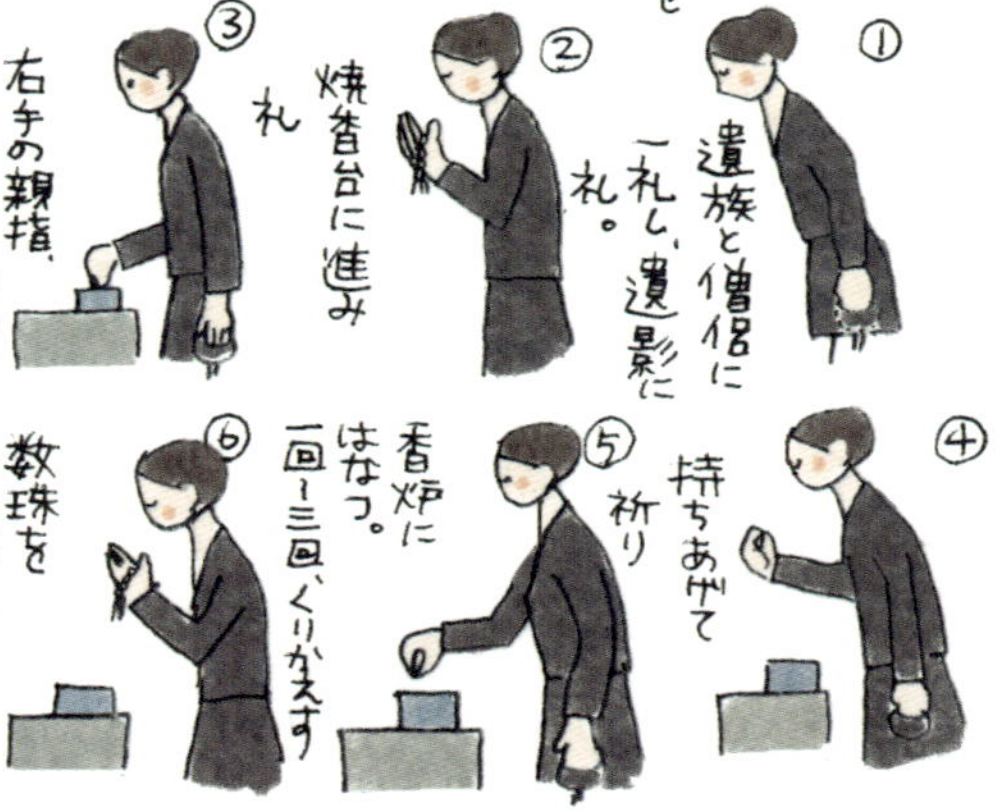
①
遺族と僧侶に
一礼し、遺影に
礼。
②
焼香台に進み
礼
③
右手の親指、
人差し指、中指で
抹香をつかむ
④
持ちあげて
祈り
⑤
香炉に
はなつ。
一回〜三回、くりかえす
⑥
数珠を
手にかけて
合掌

通夜ぶるまい

供養に
なるので一口だけ
でもいただいてから
帰る

厄について

厄
役
厄は人生の節目、年祝い。
生命力をよみがえらせて新しいめぐりを
むかえる
ための機会
男
30
25
42
61
歳
女
19
33
37
歳
厄年は
陰陽道、民間信仰により
さまざまな違いがある。
厄難の「厄」と
人生の中で大きな
役割を果たす「役」の
二つの意味が。

現在の厄年は、災難に遭いやすい期間として、悪いことが起きないようにと願い、さまざまな厄祓いをしますが、本来は厄難の「やく」だけでなく、祭りや仕事の大事な役目を果たす「やく」の年祝いの意味もあります。重要な役を果たす前におこもりなどをして厄を祓うという、マイナスとプラス両方の意味があります。

一般的には本厄、前厄、後厄と、その前後まで期間の幅を広げて考えますが、どの年齢が厄年かは地域や陰陽道などにより異なります。

厄除けについて

厄は数え年で数える。

生まれたら0歳ではなく一歳という考え方。

昔はお正月ごとにみんな一斉に年をとった。

厄除けに行く際の服装

きちんとした服装が好ましい。

受ける時期

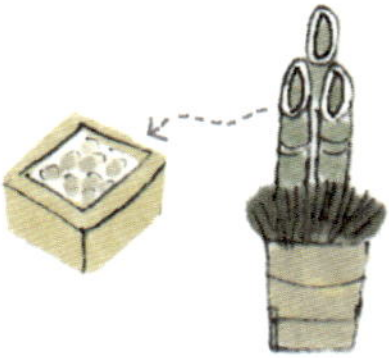

新年から節分までに行うのが一般的。

古来の厄除けの方法

節分の夜に年の数の豆をすてる

仲のよい人を招き食事をする

食事の気をいただく

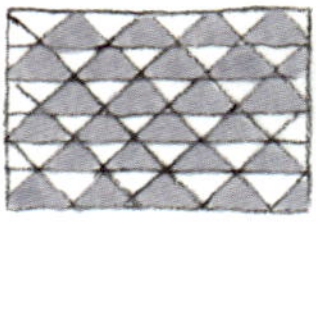

うろこ模様を帯や着物にとり入れる

赤い布を身につける

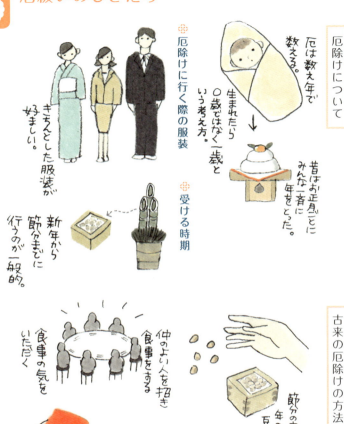

春夏秋冬

お供えについて

お供えの配置

神仏に供えるもののこと。神饌、仏供。
祭りや供養などにお供えし、聖なるものをもてなす。その後、共に食事をして力をいただく
神饌
仏供《ぶく》

お供えとは、神さまや仏さまにものを供えることをいいます。飲食物のお供えものは神饌や御《み》饌《け》、お酒は神酒と呼ばれ、基本の神饌はお米、酒、塩です。

各地の祭りでは土地の海川山野でとれた季節の産物を感謝とともにお供えして、祭りが終わったあとはお下がりにいただきます。これが、神さまが召し上がったものと同じものを食べて神さまとの一体感や力をいただく「直会《なおらい》」の風習です。

お供えに使うもの

お供えの道具

三方

折敷に台をつけたもの。
神さまへのお供え、
正月や月見
など、季節の
しつらいに。

折敷

つなぎ目の
ない方を
神前へ
向ける

三方に敷く紙

中折れ紙の折り方

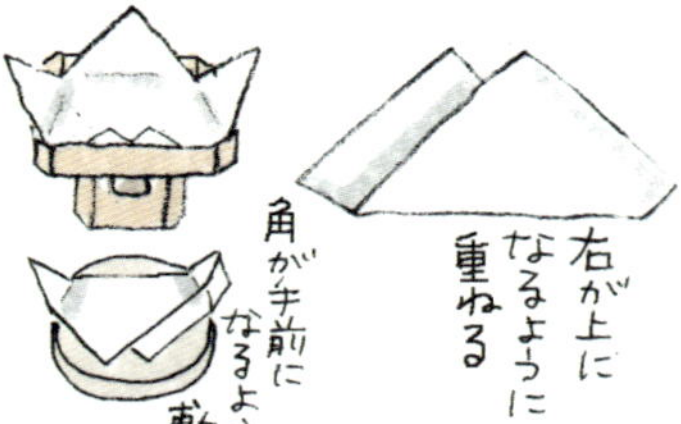
右が上に
なるように
重ねる
角が手前に
なるように
敷く。

奉書の敷き方

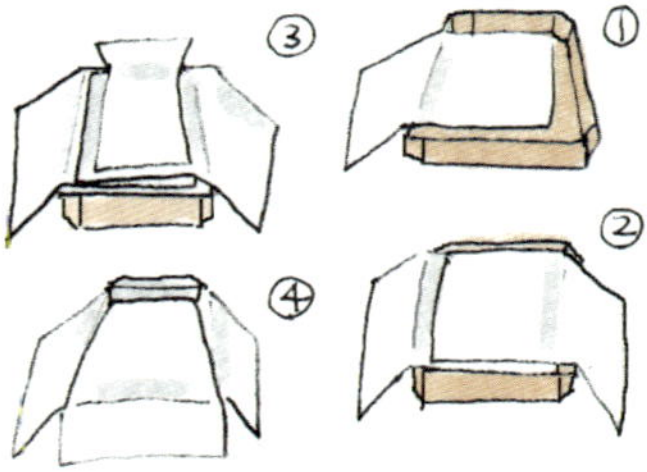
①
②
③
④

お仏供のつくり方

①ごはんを入れる
②仏飯器の上に①を押し出す
③できあがり
蓮のつぼみや実をモチーフにしたもの

春夏秋冬

草木花に宿る力

草木花の力を使う

古来、日本では草木や花にもさまざまな力が宿ると考えられていました。

特定の場所や樹木 草木にカミは宿る、草木の香りなどに力があるという考え方を元にさまざまなならわしがある。

一月

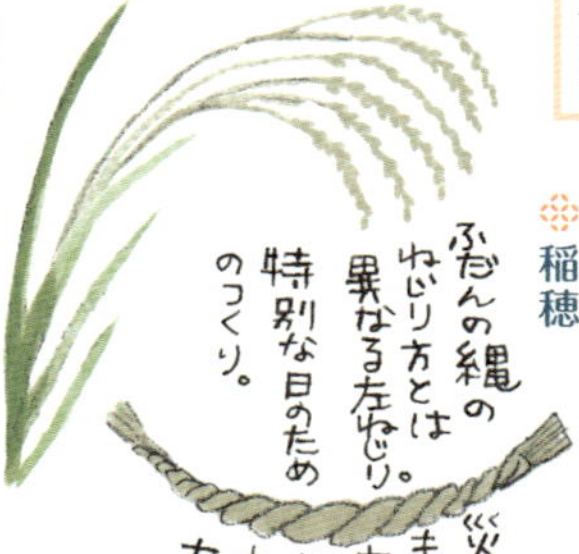

稲穂

ふだんの縄のねじり方とは異なる左ねじり。特別な日のためのつくり。

災いをもたらす神が家に入らぬようにするまじないの力も。

二月

柊

鬼を追い払うため、トゲのある柊を使う。

柊鰯

いわしの臭みと柊のトゲで邪気をはらう。

三月

桃

黄泉の国からの追手をはらうためにイザナギは桃の実を三個うちつけた。

桃酒

桃の花びらをお酒に浮かべていただく。

四月

桜

神話の木花咲耶姫の霊木。花見をし、飾り力を得る。

五月

菖蒲湯

よもぎと菖蒲をあわせた菖蒲湯に入る

菖蒲

よもぎ

香りによる邪気祓い。よもぎの香りが魔を祓うという風習は世界中にある

六月

紫陽花

紫陽花守り

商売繁盛や
婦人病に

紫陽花を半紙に
つつみ、水引で
結んで
玄関やトイレに
つるす

八月

お盆

精霊棚

真《ま》菰《こも》をしく
蓮や里芋の葉の上に
季節の収穫物を
真菰は聖なる草
蓮は仏教の象徴の花

七月

夏越の祓

茅

茅の輪くぐり

茅で
つくられた
輪をくぐり
邪気を
払う

七夕

梶の葉

梶の葉に
願い事を
書く

里芋の
葉に
たまった露で
墨をする

九月

重陽の節句

菊

菊酒

着綿

9日の前の晩に
菊に真綿をかぶせ
夜露のついた綿で
肌をなでる
長寿、若がえり祈願

十月

収穫の祭り

田の神が宿る稲穂をお供え。収穫を祝い感謝する

十一月

七五三

お赤飯をいただく。小豆やささげなどの赤い豆。赤い色が邪気を払い厄をよける

十二月

冬至

柚子を浮かべた柚子湯に入る。無病息災

第7章
自然とのお付き合い。

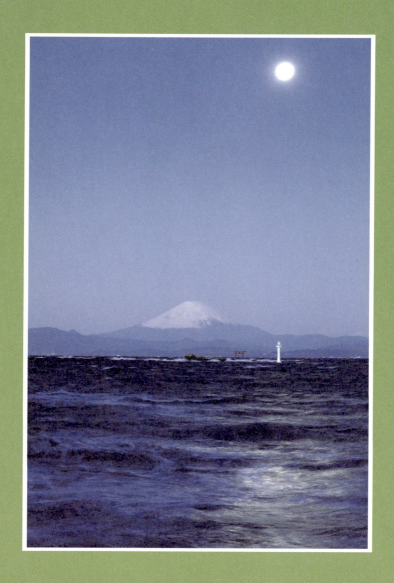

鎮守の森

鎮守の森の原点

依代《よりしろ》
カミはある特定の自然に宿ると考えられてきた
山
神聖な樹木
石や岩
古代、最初は木々や岩石に神を招き祭りを行った。やがて神社を建てた。

古代の人々は、木々や岩、山など、自然のものに神は宿ると考え、祭りを行ってきました。鎮守の森に鎮守の「杜《もり》」という別名があるように、祭りをしていた場所に神社が建てられるようになっていきましたが、建物をつくっても自然への畏敬の念は残り、木々や岩などを大切にしてきたのが、現在の鎮守の森の原点になっています。

神社の所有地である森、というだけにとどまらず、鎮守の森には自然に対する畏れや感謝、そして自然と共生しようとする日本人の自然観が表れています。

鎮守の森の作法

荘厳な鎮守の森

春日大社

春日山原始林

春日山原始林

標高489m
面積約250ha
9世紀頃に
禁伐令が
出たため
原始性が
保たれて
きた

伊勢神宮

神宮宮域林

200年先を
見すえた
森づくり。
約5500ha。
天然の森と
ヒノキ中心の
二種類の森

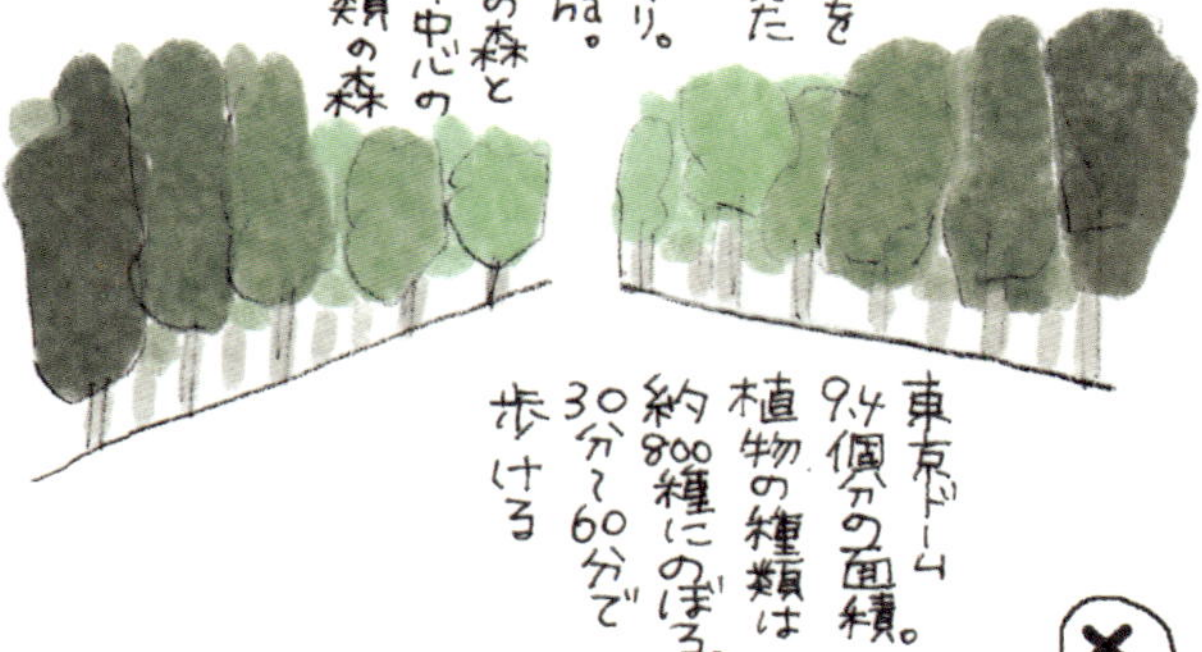

鹿島神社

東京ドーム
94個分の面積。
植物の種類は
約800種にのぼる。
30分〜60分で
歩ける

鎮守の森で守りたいこと

ゴミを捨てない
火気厳禁
さわがしくしない
草木などをとらない

月の力をいただいて

通い婚の時代、
月は
闇夜を照らし
逢瀬をかなえる
大事な明かり
旧暦の15日は
満月あたり。
祭りの日が
15日に多い理由。
くり返す
月のめぐりと
人生や農作業の
めぐりを
重ねあわせ
考えてきた

明治時代になるまで、日本のカレンダーは月の動きが中心の太陰《たいいん》太陽暦《たいようれき》でした。見上げる空の月のかたちで行事の日は決まっていたため、お盆など旧暦の満月にあたる十五日に祭りや行事の日程が多く設けられており、満月の光の下でハレの日を迎えていました。毎夜うつり変わっていく月のさまを人の一生やものごとの無常と重ねあわせる感性は、和歌などに表れています。

月のかたちに細かく名前がついていることなどからも、日本人と月との親密な関係が窺えます。

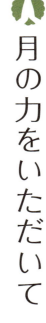

月のしつらい

月見のしつらい
十五夜（旧暦の八月十五日）は15個 十三夜（旧暦九月十三日）は13個の団子をお供え
団子のつくり方
①上新粉に少しずつ熱湯を入れ耳たぶよりかために練る
②小さくちぎり蒸し器で15分
③ふきんでつつみ水にひたし熱をとる
④ふきんのまま練る
⑤丸める
月見の花
秋の七草
はぎ
くず
おみなえし
なでしこ
ふじばかま
すすき
ききょう
ススキのならわし
ススキの箸をお供えものにそえる
庭にさしておく
各地の月見団子
へそ団子
まん中をくぼませる
静岡など
あん入り
小豆まぶし
小豆をまわりにまぶす
沖縄
里芋モチーフ
あんをまきつける
茶色、桃、白の三色
おはぎ
つぶした枝豆をまぶす

星と祈りのこと

妙見信仰

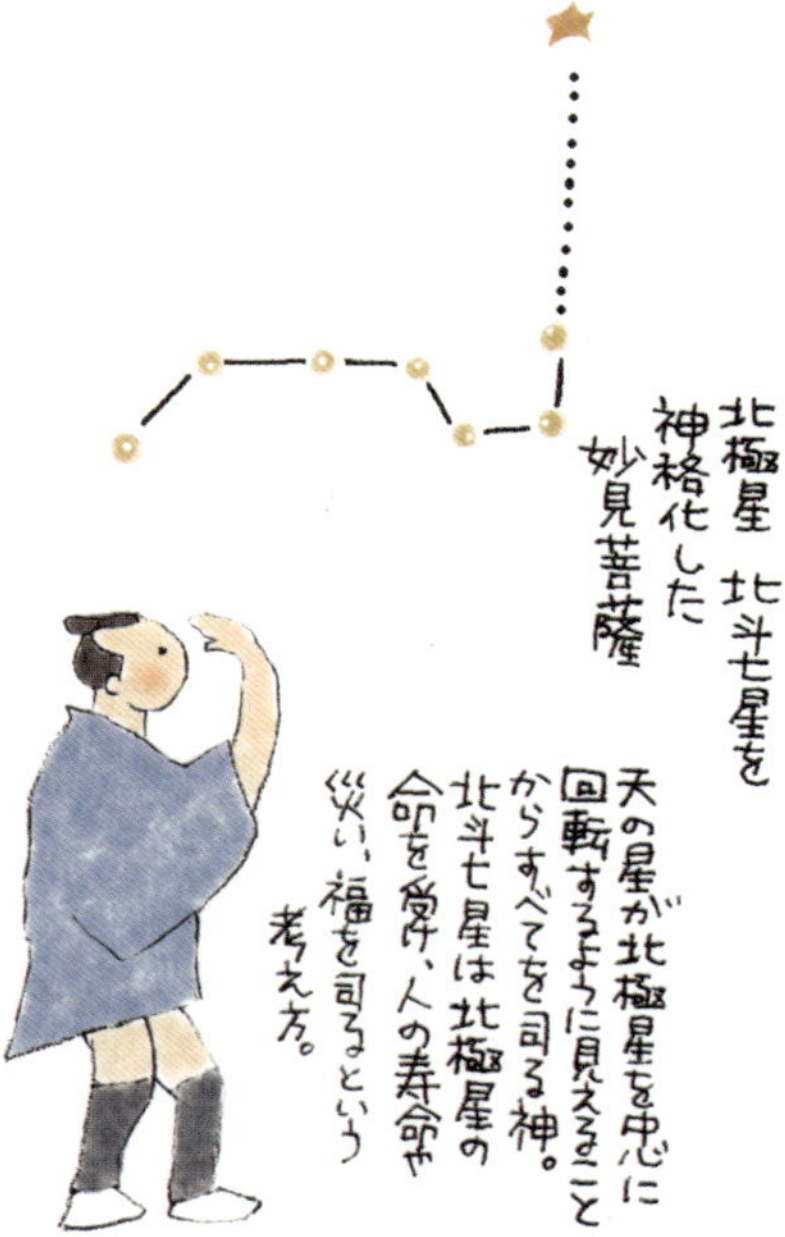
北極星 北斗七星を
神格化した
妙見菩薩
天の星が北極星を中心に
回転するように見えること
からすべてを司る神。
北斗七星は北極星の
命を受け、人の寿命や
災い、福を司るという
考え方。

太陽や月なども含めると、日本は星にまつわる祈りに満たされています。年中行事やならわしはこのふたつの星の運行により生まれたものが多くあります。

特別な星にまつわる祈りは、七夕の星伝説をはじめ、北極星や北斗七星を神さまととらえる「妙《みょう》見《けん》信《しん》仰《こう》」があります。後者は天空の星座が北極星を中心に回転することから、北極星を「すべてを司る神」ととらえますが、中国からやってきた風習のひとつで、日蓮宗のお寺などに多く祀られています。

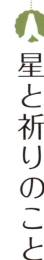

現在行われている星祭り

星供養会

生まれた年により違う九星。その自分の星を供養する。除災招福、開運成就など。

川崎大師、成田山、高野山などにて。

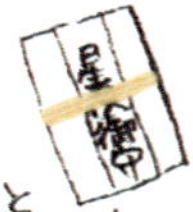

お札をいただけるところも。

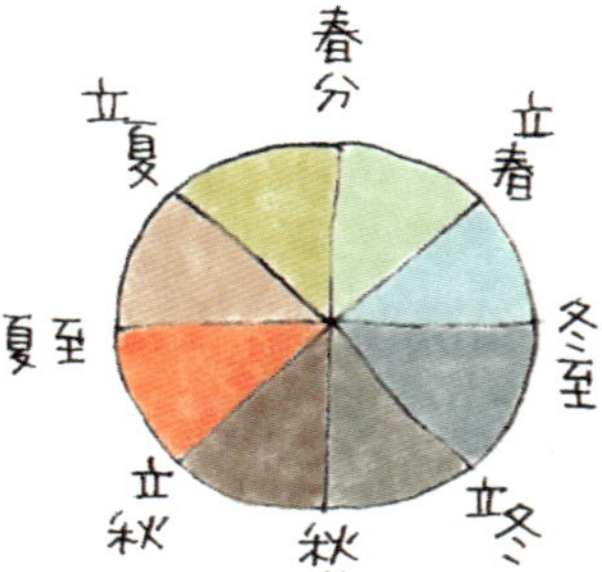

冬至や立春の前の節分などの節目に行うことが多い。

星の和名

七つ星

北斗七星のこと。ひしゃく星。

太鼓星

かんむり座のこと。

魚つり星

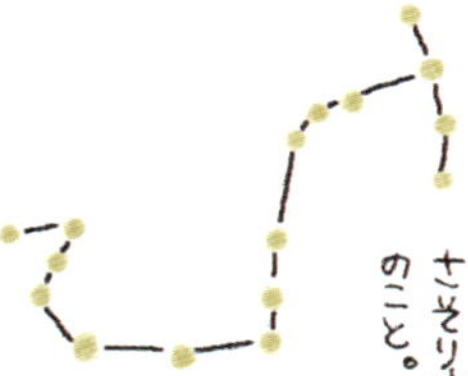

さそり座のこと。

天の川星

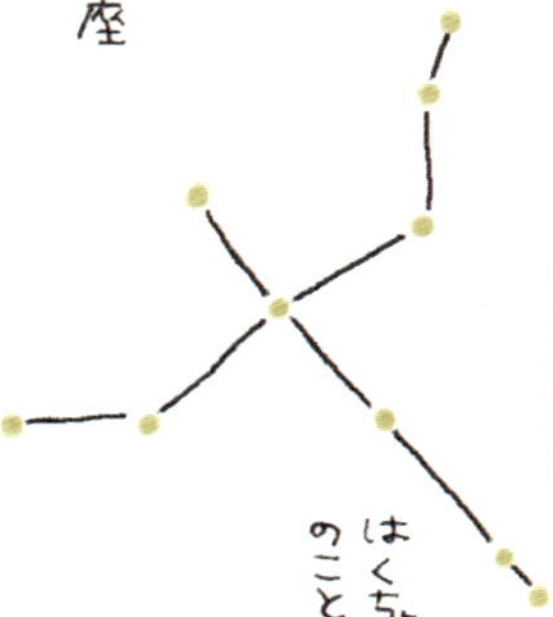

はくちょう座のこと。

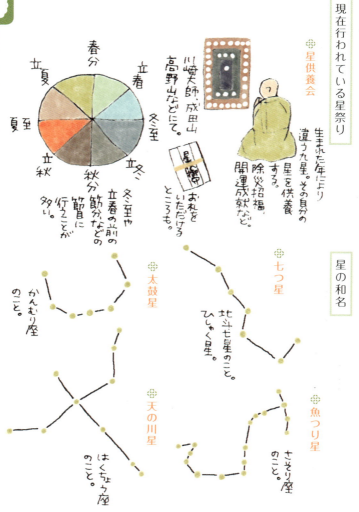

石に宿る力

日本の石の信仰のかたち

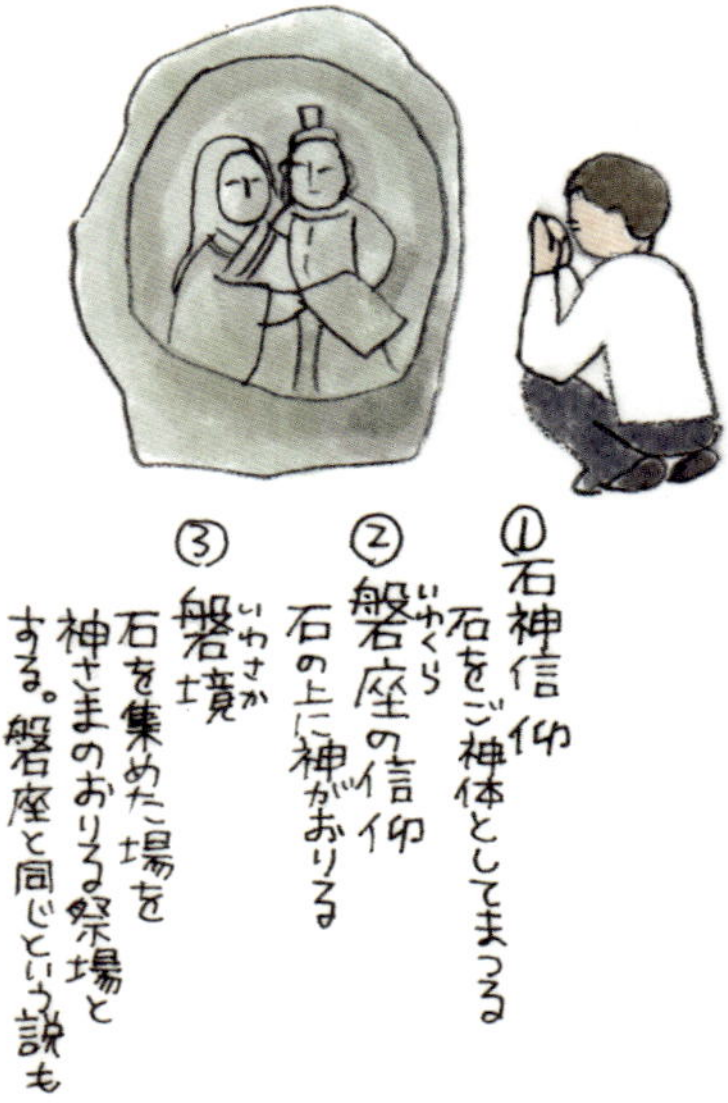
①石神信仰
石をご神体としてまつる
②磐座《いわくら》の信仰
石の上に神がおりる
③磐境《いわさか》
石を集めた場を
神さまのおりる祭場と
する。磐座と同じという説も

神さまが石に宿るという信仰は、『風土記《ふどき》』や『延喜式《えんぎしき》』などに古くから見られます。また、火の神や産土神《うぶすながみ》、えびすさまなど、石を依代《よりしろ》にする神さまもいます。

街の中でも、野仏《のぼとけ》や馬頭観音《ばとうかんのん》、道祖神《どうそじん》など、石でかたどられた神さまが道端にたたずんでいて、町と町との間の道や上り坂、川などの、境界となる場所で邪気を祓い、人間を見守る役目を担っています。

また、かたちや色、模様など、特徴のある石を聖なるものに見立てる信仰は、日本では広く見られます。

身近にある石の神さま

道端の石の神さま

道祖神

別名 塞の神。
外から侵入する疫病、災害 悪神を防ぐ。
境を守る。
様々な形がある

文字入り

ワラをかぶせたもの

男性そのもの

季節の野の花をお供えに

積み石をしてお祈りする所も

庚申塔

干支の庚申の日の夜 身を慎み徹夜すると 長生きする、という信仰。人間の体内にいる三匹の虫が その人間の罪を天に報告しに いくのを寝ずに番をして 虫を逃がさぬようにする

沓石《くついし》

小さな子が石を さわると一生 無事になる、など 霊力が あると される石

子産石《こうみいし》

さわったり なでたり 一緒に寝ると 子宝を授かる、という石

うぶ石

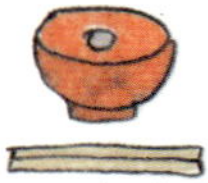

お食い初めの椀に 石をそえる。 氏神の境内、 海岸 川から 拾ってくる

磐境

神を祭るための 神聖な場所 または 神さまの宿る 依代。しめ縄が はられていることも

第8章 神さまとのお付き合い。

家の中の神さま

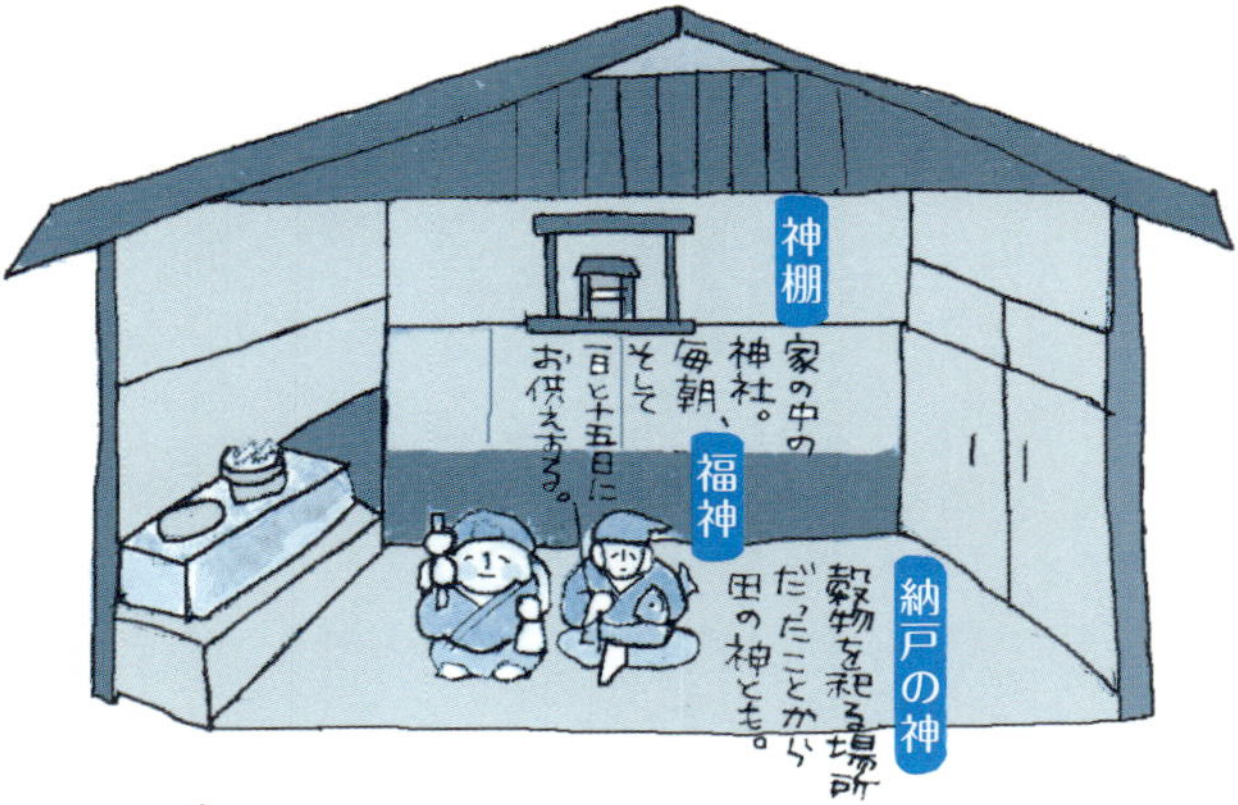
神棚
家の中の神社。毎朝、そして一日と十五日にお供えする。
福神
納戸の神
穀物を祀る場所だったことから田の神とも。

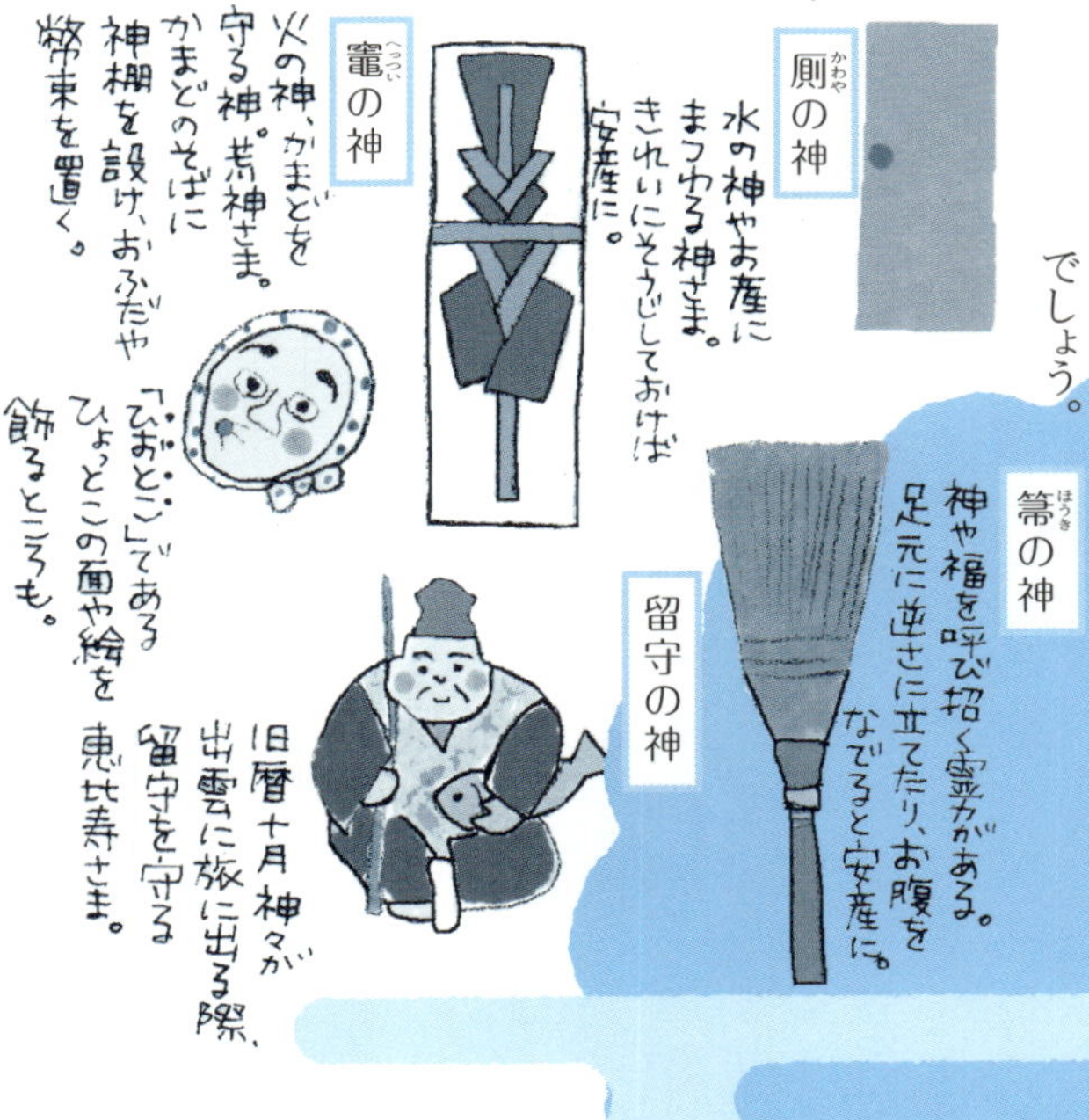
厠《かわや》の神
水の神やお産にまつわる神さま。きれいにそうじしておけば安産に。
竈《へっつい》の神
火の神、かまどを守る神。荒神さま。かまどのそばに神棚を設け、おふだや幣束を置く。
「ひおとこ」であるひょっとこの面や絵を飾るところも。
留守の神
旧暦十月神々が出雲に旅に出る際、留守を守る恵比寿さま。
箒《ほうき》の神
神や福を呼び招く霊力がある。足元に逆さに立てたり、お腹をなでると安産に。

家の中にも、いろいろなところに神さまがいらっしゃいます。どこにいらっしゃるかを意識して暮らすだけでも、日常のふるまいが変わってくることでしょう。

妖怪

座敷わらし
家を大切にしていると住みつく。家が栄える。

鳴釜《なりかま》
お釜の妖怪。思いもよらぬ時に鳴る釜の音。吉凶を占う。

金魂《かなだま》
金の精霊。訪れた家を栄えさせる。無欲 善行のものに訪れる。

枕返し
夜中に枕をひっくりかえしたり頭と足の向きをかえたりする。

小豆はかり
姿をあらわさず小豆の音を立てる。

獏《ばく》
悪夢を見た後、「この夢を獏にあげます」と唱えると悪夢を食べてくれる。

縁起のいい生き物

ツバメ
ツバメが家に巣をつくると商売繁盛 縁起がよい。

ヤモリ
家を守る「家守《やもり》」。家が繁盛する守り神。

へび
山の神、水の神 雷神。雨乞いに蛇の形のものを使う所が多い
脱皮して大きく成長することと、強い生命力から「死と再生」の象徴。おわりも始まりもない完全なものの象徴。

朝のクモ
朝みつけたクモは吉兆の印。縁起がよい。

神棚

神棚のはじまり

お伊勢参り
近世から広がった伊勢の神宮への信仰が由来
神宮から出されたお神札を棚にお祀りしたのが神棚のはじまり
伊勢の御師
各地をめぐり神札や伊勢暦を配布して歩いた

神棚は、家の中で神さまをお祀りする場所です。設置するときは南向きまたは東向きがよいとされ、毎朝夕、そして特別な日にお供えをし、お祈りをする神聖な場所です。

神棚の風習は平安時代の終わり頃にはじまったものですが、実際に庶民の家々で祀られるようになったのは江戸時代の中期頃からと、それほど古いものではありません。近世、大ブームになった伊勢神宮への信仰も、神宮大麻《じんぐうたいま》のお神札《ふだ》を配布して歩いた、宗教者の「御師《おんし》」の存在が大きいといわれています。

神棚の決まりごと

神棚の設置場所
南向きか東向きに
清浄な場所に
拝みやすい場所に
大人の目線より上に
お神札の納め方
三社造
氏神神社神札
天照皇大神宮
崇敬神社神札
地元の神社のお札
個人的に崇敬する神社のお札
一社造
次の順番に重ねて納める
天照皇大神宮
氏神神社神札
崇敬神社神札
壁や柱に飾るとき
奉書や半紙などの上に貼る
毎日の参拝
水
米
塩
三品
水々しい榊
一礼
二拍手
一礼

神社とお寺

神社
山がご神体のところも
鳥居
日本古来の固有の民族宗教神道によるもの
祭りの時だけカミはやってきて石や木など自然のものに宿ると考えた
仏教寺院の影響
社が作られるようになり神社の元に

お寺
古代インドで釈迦の教えにより創始され、6世紀に日本に伝来した仏教によるもの
除夜の鐘
お線香
数珠
人の死にまつわることを扱う葬儀やお墓など

日本人でもうっかり混同してしまいがちな「神社」と「お寺」。神道と仏教という異なる宗教の施設であるという大きな違いがありますが、参拝するうえでのそれぞれの作法について、簡単におさらいしておきましょう。

神社の参拝

①手水舎で清め、参道を進む
まん中は神の道。なるべく歩かない
②一礼し、おさいせんを入れる
③鈴をならす
④二拝 頭を下げて礼を二回
⑤胸の高さに手を合わせ拍手を二回
⑥胸の高さで両手をきちんと合わせて祈る
⑦一拝 頭を下げて礼を一回

お寺の参拝

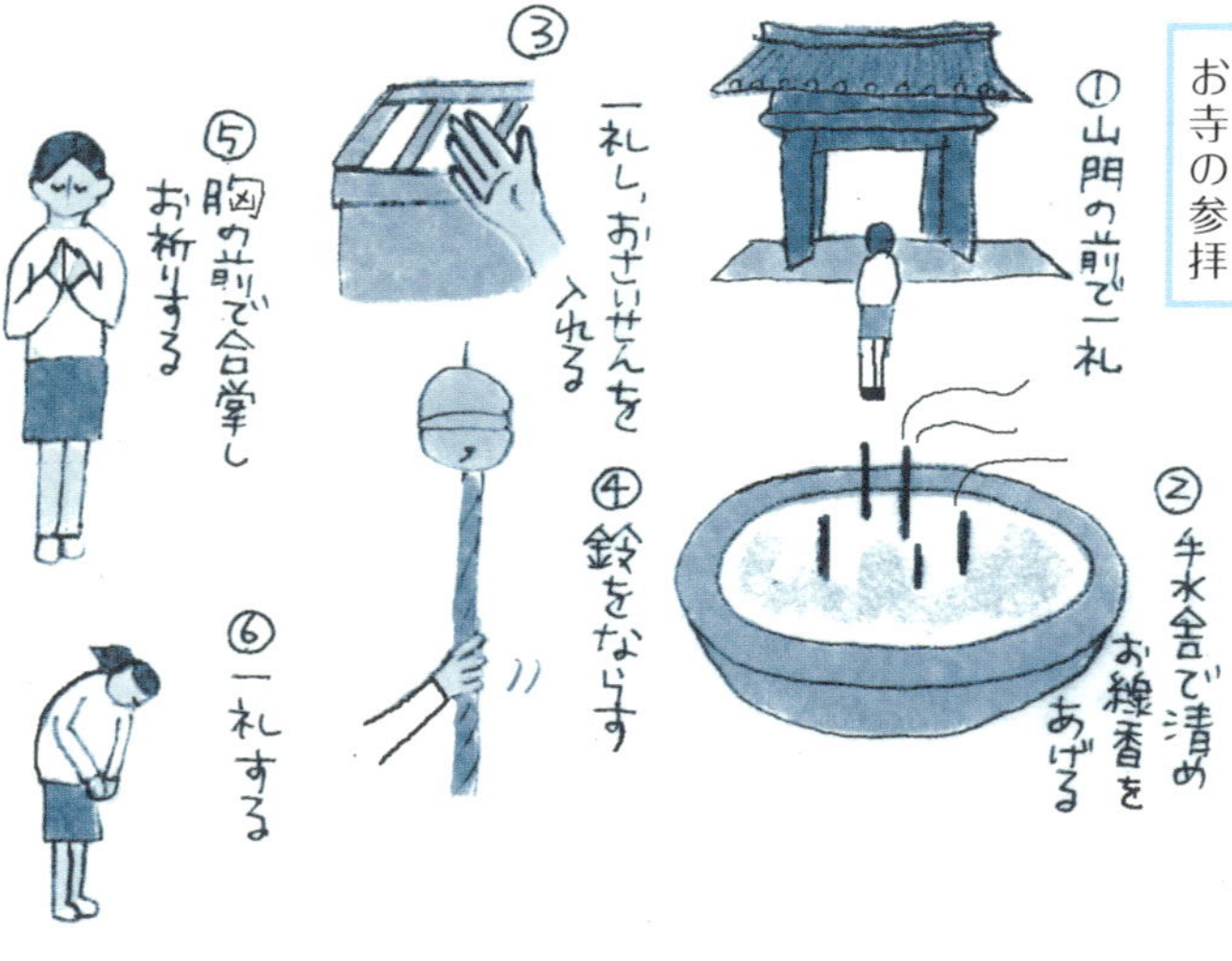
①山門の前で一礼
②手水舎で清めお線香をあげる
③一礼し、おさいせんを入れる
④鈴をならす
⑤胸の前で合掌しお祈りする
⑥一礼する

占いとくじ

占いとくじの歴史

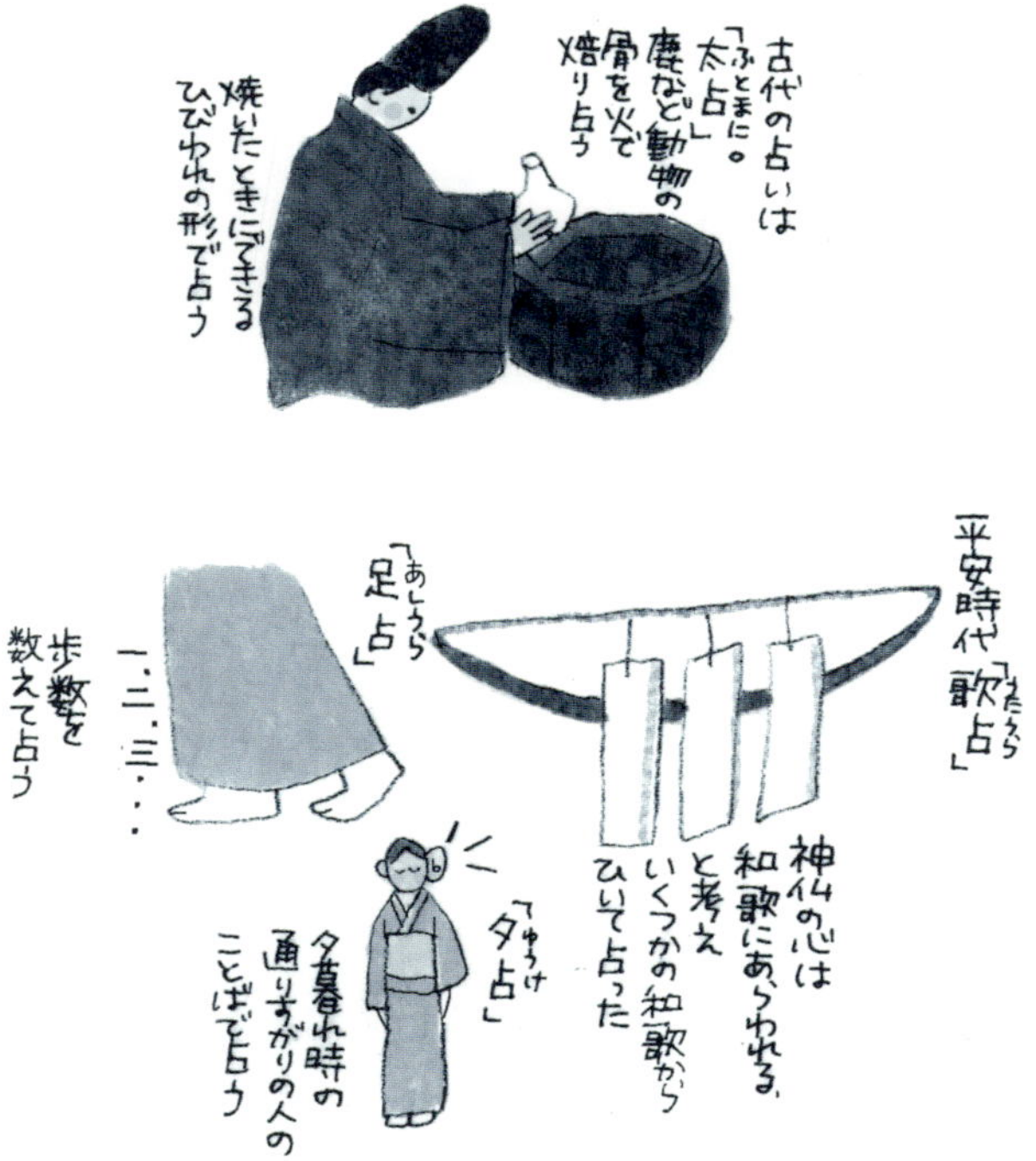
古代の占いは「ふとまに。太占」
鹿など動物の骨を火で焙り占う
焼いたときにできるひびわれの形で占う
平安時代「歌占《うたうら》」
神仏の心は和歌にあらわれると考え
いくつかの和歌からひいて占った
「足占《あしうら》」
一、二、三・・・
歩数を数えて占う
「夕占《ゆうけ》」
夕暮れ時の通りすがりの人のことばで占う

　占いの語源のひとつには、ものごとのウラやその心のこと、という説があります。古くは鹿の骨や亀の甲を焼いて、その裂け目や模様を使うものや、夕方の道に立ち、通りすがりの人の言葉で占うものなどユニークなものがあり、お粥《かゆ》を炊いて占う粥占《かゆうら》神事は、今も各地の神社で見られます。

　現在の占いの多くが、個人のことを占うのに対して、古い占いはその年の作物の育ち具合や政治的なことに使われることもありました。占いが発展していくにつれて生まれたのがくじです。

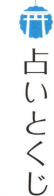

神さまとのお付き合い。

吉凶の順番

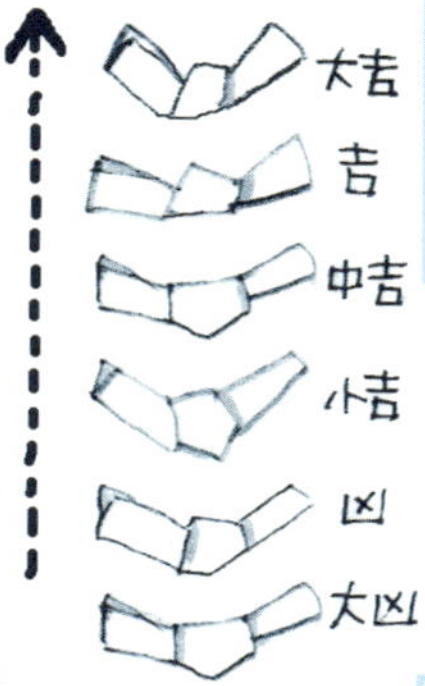

結ぶ意味

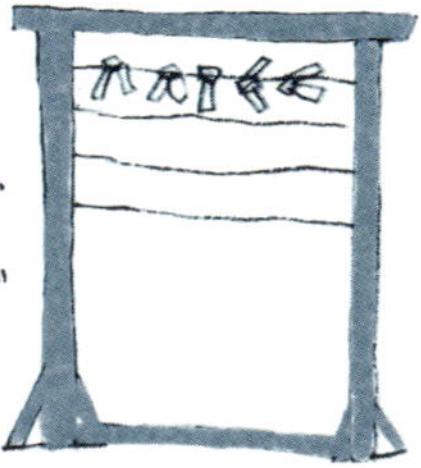

願いごとが結ばれますように、の意味。日々のために身につけておいてもよい

各地の変わったくじ

横浜瀬戸神社
錦絵と和歌のおみくじ

京都貴船神社
水にひたすと文字が浮かびあがる

破魔矢《はまや》の飾り方

飾る位置は大人の目線より上

絵馬の飾り方

その場で願いごとを書きつるす

家などに持ちかえり祈願してもよい

納め方

新しいものを授かる際に感謝の気持ちをこめて納める

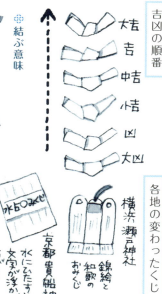

土の神について

地鎮祭の由来

古くは
神事は
土の上で行う
決まりがあった。
土には
浄化の力が
あるという
考え方が
関係している
地鎮祭
「とこしずめの
まつり」
工事をはじめる
前に土地の神さまに
ごあいさつし
土地を祓い
清め、工事の
安全を
祈る祭り
土地の守護神
大地主神
地域の守護神
産土神をお祀り

土地を守る神さまを地主神《じぬしのかみ》といいます。『延喜式』にも記されている古代から信仰された神さまで、地神、土地神、地の神とも呼ばれてきました。

土地を新しく使うときは、前からいらした神さまにご挨拶をし、許しを請うたり、あるいは悪いものを封じ込めるためのお祀りをします。

また、陰陽道の考えの中で土を司る神さまを土公神《どくしん》といい、四季それぞれにやってくる土用にお祀りします。土公神は家の中の火やかまど、そして家族を守る神さまという顔ももっています。

地鎮祭で覚えておきたいこと

玉串拝礼

玉串を奉り、拝礼する
榊に紙垂をつけたもの

①左手で葉の方を下から支え、右手で枝の元を上から持ち礼をする
②玉串を90度回し両手で枝の元を持つ
③両手で枝の元を持ちお祈りする
④左手を前に進め玉串を右に回す(180度)
⑤枝の元を神前に向け、台の上に置く

土用と間日

四季の土用は土を司る神、土公神の日。

土を動かす作業を忌むならわしだが、生活上不便なので土用であっても問題のない「間日」がもうけられている

春
夏
秋
冬

一年に土用は4回

座禅を組む

座禅

イス座禅もある。
足の不自由な人のために
仏教の修行法の一つ
座る禅。
結跏趺坐が基本。
心のみだれを払う
行の一つ
禅
dhyāna
サンスクリット語
の訳
「静かに考える」
の意味

日本に座禅を伝えたのは、唐で玄奘三蔵《げんじょうさんぞう》から禅を学んだ道照《どうしょう》とされています。仏教の修行法のひとつで、座禅を主に行う禅宗で行われています。

「禅」はサンスクリット語のディヤーナ、すなわち精神統一を意味する言葉で、古代インドの聖典『ヴェーダ』の時代からほぼ変わらないといわれています。世界中で人気があり、日本でも曹洞宗のお寺では座禅会を行っているところも多く、初心者向けのもののや、足の不自由な方でもできる椅子座禅などもあります。

座禅の作法

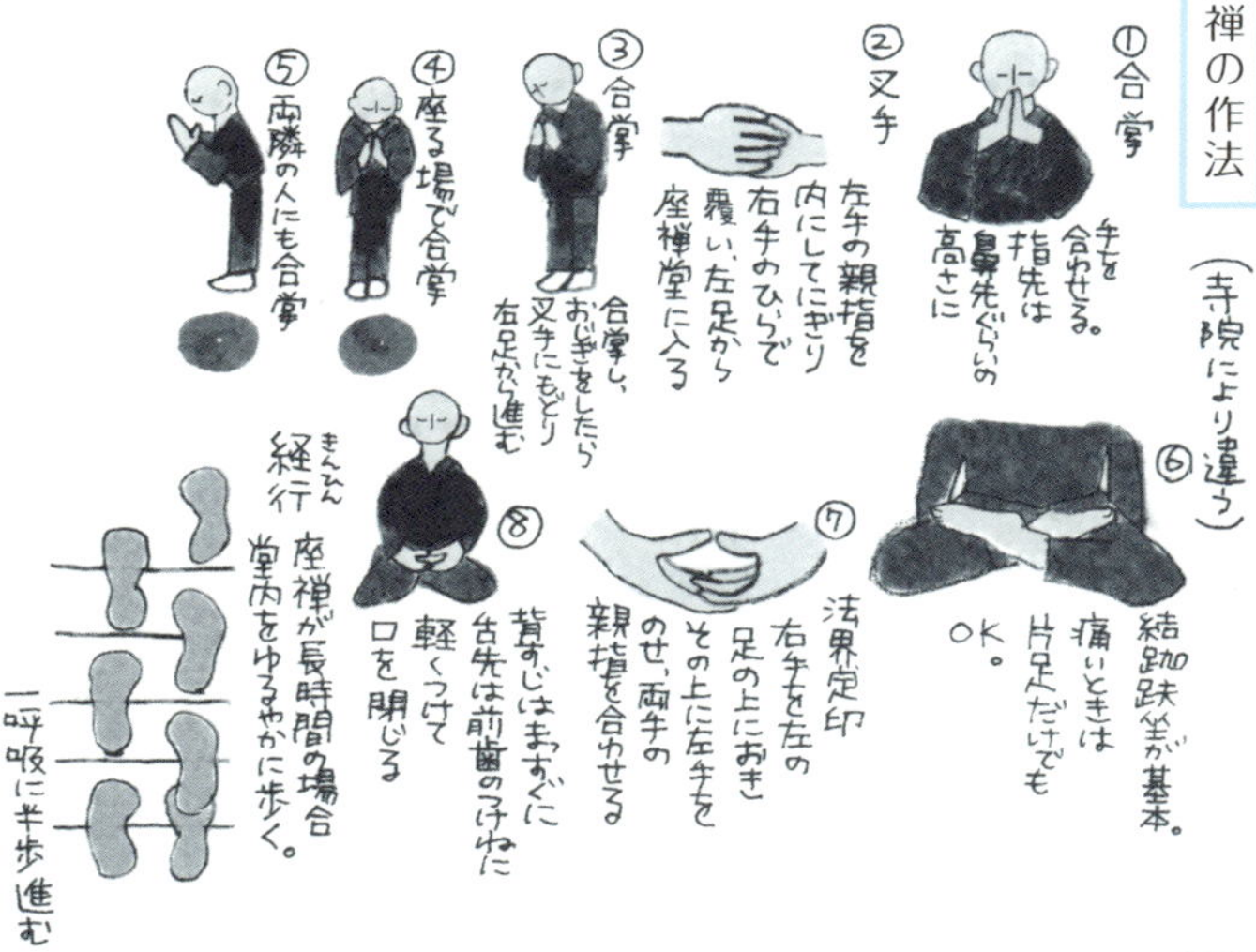
①合掌
手を合わせる。指先は鼻先ぐらいの高さに
②叉手
左手の親指を内にしてにぎり右手のひらで覆い、左足から座禅堂に入る
③合掌
合掌し、おじぎをしたら叉手にもどり右足から進む
④座る場で合掌
⑤両隣の人にも合掌
（寺院により違う）
⑥
結跏趺坐が基本。
痛いときは片足だけでもOK。
⑦
法界定印
右手を左の足の上におきその上に左手をのせ、両手の親指を合わせる
⑧
背すじはまっすぐに舌先は前歯のつけねに軽くつけて口を閉じる
経行《きんひん》
座禅が長時間の場合堂内をゆるやかに歩く。
一呼吸に半歩進む

思考の扱い方

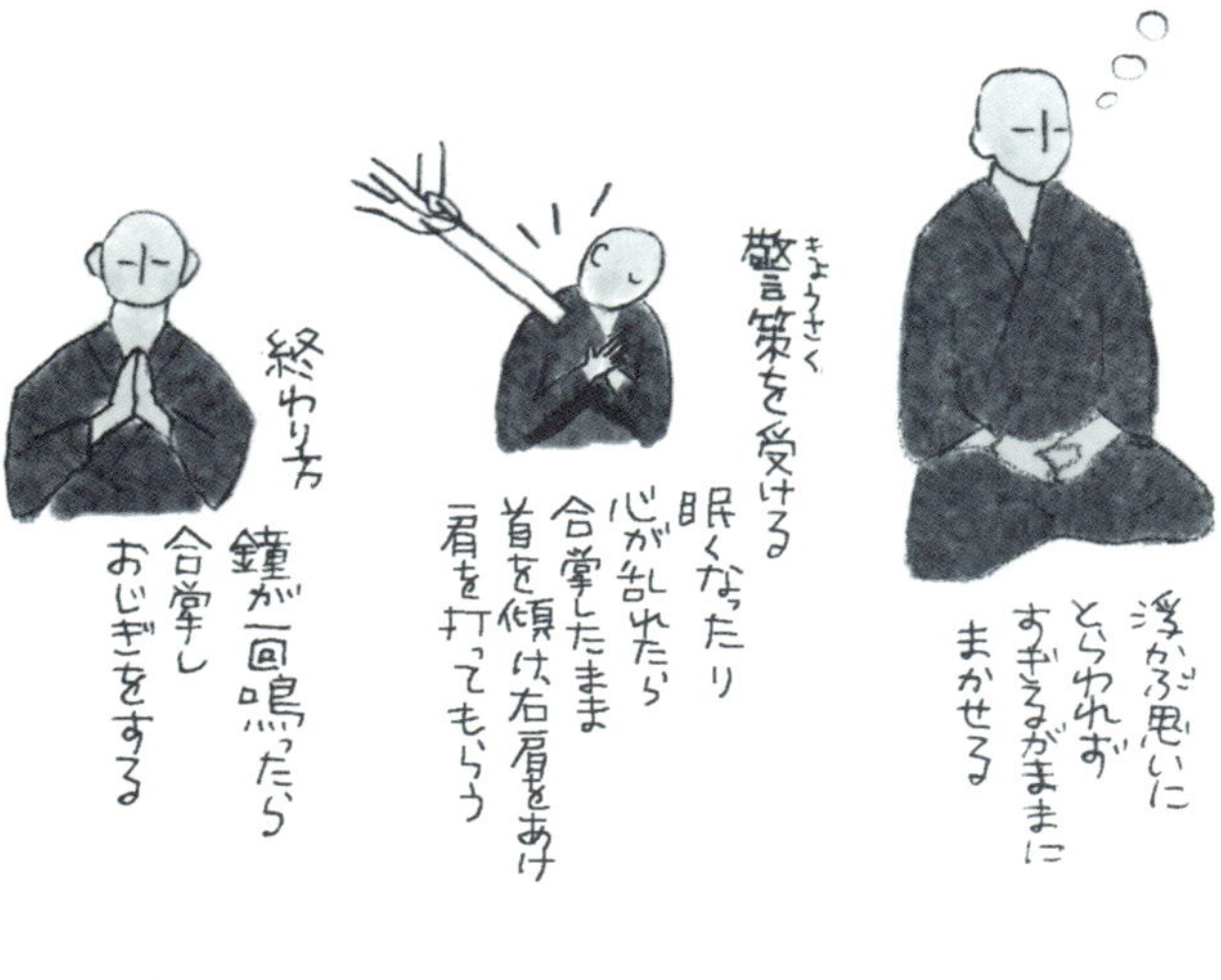
浮かぶ思いにとらわれずすぎるがままにまかせる
警策《きょうさく》を受ける
眠くなったり心が乱れたら合掌したまま首を傾け右肩をあけ肩を打ってもらう
終わり方
鐘が一回鳴ったら合掌しおじぎをする

睦月（1月）

行事

1日 元日
2日 初夢
7日 人日の節句・七草粥
8日 初薬師
9日 ※成人の日（第二月曜日）
11日 鏡開き・蔵開き
15日 小正月・左義長（どんど焼き）
16日 藪入
18日 初観音
20日 ※二十日正月・大寒（20日ごろ）
21日 初大師
24日 初地蔵
25日 初天神
28日 初不動

如月（2月）

行事

3日 節分
4日 ※立春（4日ごろ）
8日 針供養
11日 建国記念の日
19日 ※雨水（19日ごろ）

季節

仲冬
晩冬
初春

二十四節気

小寒（1月5日ごろ）
大寒（1月20日ごろ）
立春（2月4日ごろ）

七十二候

第六十六候 雪下麦出づる ゆきわたりてむぎいづる（1月1～4日ごろ）
第六十七候 芹乃栄う せりすなわちさかう（1月5～9日ごろ）
第六十八候 水泉温かを含む しみずあたたかをふくむ（1月10～14日ごろ）
第六十九候 雉始めて雊く きじはじめてなく（1月15～19日ごろ）
第七十候 款冬華さく ふきのはなさく（1月20～24日ごろ）
第七十一候 水沢腹堅める さわみずこおりつめる（1月25～29日ごろ）
第七十二候 雞始めて乳く にわとりはじめてとやにつく（1月30～2月3日ごろ）
第一候 東風凍を解く はるかぜこおりをとく（2月4～8日ごろ）
第二候 黄鶯睍睆 うぐいすなく（2月9～13日ごろ）

弥生（3月）

3日　上巳の節句（ひな祭り）
6日　※啓蟄（6日ごろ）
20日　※春分・彼岸中日（21日ごろ）

仲春

- 雨水（2月19日ごろ）
- 啓蟄（3月6日ごろ）
- 春分（3月21日ごろ）

第三候	魚氷に上る	うおこおりにのぼる	（2月14〜18日ごろ）
第四候	土脉潤い起こる	つちのしょうううるおいおこる	（2月19〜23日ごろ）
第五候	霞始めて靆く	かすみはじめてたなびく	（2月24〜28日ごろ）
第六候	草木萌え動る	そうもくめばえいづる	（3月1〜5日ごろ）
第七候	蟄虫戸を啓く	すごもりむしとをひらく	（3月6〜10日ごろ）
第八候	桃始めて笑く	ももはじめてさく	（3月11〜15日ごろ）
第九候	菜虫蝶と化る	なむしちょうとなる	（3月16〜20日ごろ）
第十候	雀始めて巣くう	すずめはじめてすくう	（3月21〜25日ごろ）
第十一候	桜始めて開く	さくらはじめてひらく	（3月26〜30日ごろ）
第十二候	雷乃声を発す		

卯月（4月）

5日　※清明（5日ごろ）
8日　灌仏会
13日　十三詣り
20日　※穀雨（20日ごろ）
29日　昭和の日

皐月（5月）

2日　※八十八夜（2日ごろ）
3日　憲法記念日
4日　みどりの日
5日　端午の節句（こどもの日）
　　　※立夏（5日ごろ）
14日　※母の日（第二日曜日）
21日　※小満（21日ごろ）

	晩春		初夏
春分	清明（4月5日ごろ）	穀雨（4月20日ごろ）	立夏（5月5日ごろ）

第十二候　雷乃声を発す　かみなりすなわちこえをはっす（3月31～4月4日ごろ）
第十三候　玄鳥至る　つばめきたる（4月5～9日ごろ）
第十四候　鴻雁北る　こうがんかえる（4月10～14日ごろ）
第十五候　虹始めて見る　にじはじめてあらわる（4月15～19日ごろ）
第十六候　葭始めて生ず　あしはじめてしょうず（4月20～24日ごろ）
第十七候　霜止んで苗出づる　しもやんでなえいづる（4月25～29日ごろ）
第十八候　牡丹華さく　ぼたんはなさく（4月30～5月4日ごろ）
第十九候　蛙始めて鳴く　かわずはじめてなく（5月5～9日ごろ）
第二十候　蚯蚓出づる　みみずいづる（5月10～14日ごろ）

水無月(6月)

1日　衣替え
6日　※芒種（6日ごろ）
10日　※入梅（10日ごろ）
18日　※父の日（第三日曜日）
21日　※夏至（21日ごろ）
30日　夏越の祓

仲夏

小満（5月21日ごろ）

- 第二十一候　竹笋生ず　たけのこしょうず（5月15～20日ごろ）
- 第二十二候　蚕起きて桑を食む　かいこおきてくわをはむ（5月21～25日ごろ）
- 第二十三候　紅花栄く　べにばなさく（5月26～30日ごろ）
- 第二十四候　麦の秋至る　むぎのときいたる（5月31～6月5日ごろ）

芒種（6月6日ごろ）

- 第二十五候　螳螂生ず　かまきりしょうず（6月6～10日ごろ）
- 第二十六候　腐草蛍と為る　くされたるくさほたるとなる（6月11～15日ごろ）
- 第二十七候　梅子黄ばむ　うめのみきばむ（6月16～20日ごろ）

夏至（6月21日ごろ）

- 第二十八候　乃東枯る　なつかれくさかるる（6月21～26日ごろ）
- 第二十九候　菖蒲華さく　あやめはなさく（6月27～7月1日ごろ）

文月（7月）

1日　山開き・海開き
2日　※半夏生（2日ごろ）
7日　※七夕の節句・小暑（7日ごろ）
15日　中元・盂蘭盆会
17日　※海の日（第三月曜日）
23日　※大暑（23日ごろ）
26日　※土用の丑（下旬）

葉月（8月）

1日　八朔
8日　※立秋（8日ごろ）
11日　山の日
15日　終戦記念日
16日　五山送り火
23日　※処暑（23日ごろ）
24日　地蔵盆

季節	二十四節気	七十二候
仲夏	夏至	第二十九候　菖蒲華さく
晩夏	小暑（7月7日ごろ）	第三十候　半夏生ず《はんげしょうず》（7月2～6日ごろ）
		第三十一候　温風至る《あつかぜいたる》（7月7～11日ごろ）
		第三十二候　蓮始めて開く《はすはじめてひらく》（7月12～16日ごろ）
		第三十三候　鷹乃学を習う《たかすなわちわざをならう》（7月17～22日ごろ）
	大暑（7月23日ごろ）	第三十四候　桐始めて花を結ぶ《きりはじめてはなをむすぶ》（7月23～28日ごろ）
		第三十五候　土潤いて溽し暑し《つちうるおいてむしあつし》（7月29～8月2日ごろ）
		第三十六候　大雨時行る《たいうときどきふる》（8月3～7日ごろ）
	立秋（8月8日ごろ）	第三十七候　涼風至る《すずかぜいたる》（8月8～12日ごろ）
		第三十八候　寒蝉鳴く《ひぐらしなく》（8月13～17日ごろ）

長月（9月）

- 1日　二百十日
- 8日　※白露（8日ごろ）
- 9日　重陽の節句
- 11日　二百二十日
- 15日　※中秋の名月（15日ごろ）
- 18日　※敬老の日（第三月曜日）
- 23日　※秋分・彼岸中日（23日ごろ）

初秋

処暑（8月23日ごろ）

- 第三十九候　蒙き霧升降う　ふかききりまとう（8月18～22日ごろ）
- 第四十候　綿柎開く　わたのはなしべひらく（8月23～27日ごろ）
- 第四十一候　天地始めて粛し　てんちはじめてさむし（8月28～9月1日ごろ）
- 第四十二候　禾乃登る　こくものすなわちみのる（9月2～7日ごろ）

中秋

白露（9月8日ごろ）

- 第四十三候　草露白し　くさのつゆしろし（9月8～12日ごろ）
- 第四十四候　鶺鴒鳴く　せきれいなく（9月13～17日ごろ）
- 第四十五候　玄鳥去る　つばめさる（9月18～22日ごろ）

秋分（9月23日ごろ）

- 第四十六候　雷乃声を収む　かみなりすなわちこえをおさむ（9月23～27日ごろ）
- 第四十七候　虫蟄れて戸を坏ぐ　むしかくれてとをふさぐ（9月28～10月2日ごろ）

神無月（10月）

1日　衣替え
8日　※寒露（8日ごろ）
9日　※体育の日（第二月曜日）
13日　※十三夜（旧暦9月13日）
20日　えびす講
23日　※霜降（23日ごろ）

霜月（11月）

3日　文化の日
7日　※立冬（7日ごろ）
15日　七五三
22日　※小雪（22日ごろ）
23日　新嘗祭・勤労感謝の日

中秋
晩秋

秋分
寒露（10月8日ごろ）
霜降（10月23日ごろ）
立冬（11月7日ごろ）

第四十七候　虫蟄れて戸を坏ぐ
第四十八候　水始めて涸る《みずはじめてかる》（10月3～7日ごろ）
第四十九候　鴻雁来る《こうがんきたる》（10月8～12日ごろ）
第五十候　菊花開く《きくのはなひらく》（10月13～17日ごろ）
第五十一候　蟋蟀戸に在り《きりぎりすとにあり》（10月18～22日ごろ）
第五十二候　霜始めて降る《しもはじめてふる》（10月23～27日ごろ）
第五十三候　霎時施る《こさめときどきふる》（10月28～11月1日ごろ）
第五十四候　楓蔦黄ばむ《もみじつたきばむ》（11月2～6日ごろ）
第五十五候　山茶始めて開く《つばきはじめてひらく》（11月7～11日ごろ）
第五十六候　地始めて凍る《ちはじめてこおる》（11月12～16日ごろ）

師走（12月）

7日　※大雪（7日ごろ）
13日　正月事始
22日　※冬至（22日ごろ）
23日　天皇誕生日

初冬		第五十七候	金盞香く　きんせんかさく（11月17～21日ごろ）
	小雪（11月22日ごろ）	第五十八候	虹蔵れて見えず　にじかくれてみえず（11月22～26日ごろ）
		第五十九候	朔風葉を払う　きたかぜこのはをはらう（11月27～12月1日ごろ）
		第六十候	橘始めて黄ばむ　たちばなはじめてきばむ（12月2～6日ごろ）
仲冬	大雪（12月7日ごろ）	第六十一候	閉塞く冬と成る　そらさむくふゆとなる（12月7～11日ごろ）
		第六十二候	熊穴に蟄る　くまあなにこもる（12月12～15日ごろ）
		第六十三候	鱖魚群がる　さけのうおむらがる（12月16～21日ごろ）
	冬至（12月22日ごろ）	第六十四候	乃東生ず　なつかれくさしょうず（12月22～26日ごろ）
		第六十五候	麋角解つる　さわしかのつのおつる（12月27～31日ごろ）

索引

あ
秋の七草（あきのななくさ）……115
足占（あしうら）……128
紫陽花守り（あじさいまもり）……108
天の川星（あまのがわぼし）……117
あわび結び（あわびむすび）……81
稲魂（いなだま）……62
忌みことば（いみことば）……16、17
祝箸（いわいばし）……60
磐座（いわくら）……118
磐境（いわさか）……118、119
印香（いんこう）……31
魚つり星（うおつりぼし）……117
歌占（うたうら）……128
うぶ石（うぶいし）……119
梅結び（うめむすび）……81
占い（うらない）……128
恵方参り（えほうまいり）……85
絵馬（えま）……129
延寿箸（えんじゅばし）……60
お伊勢参り（おいせまいり）……124
大祓（おおはらえ）……96
尾頭つき（おかしらつき）……66
お食い初め（おくいぞめ）……99
折敷（おしき）……105
お辞儀（おじぎ）……40、41
お正月（おしょうがつ）……84
おすそわけ（おすそわけ）……72
お歳暮（おせいぼ）……76
お供え（おそなえ）……104
お中元（おちゅうげん）……76
お使い包み（おつかいづつみ）……79
お寺（おてら）……126
帯祝い（おびいわい）……99
お盆（おぼん）……90、91、108
おまじない（おまじない）……18、19
お宮参り（おみやまいり）……99
か
懐紙（かいし）……65
懐石料理（かいせきりょうり）……64
鏡餅（かがみもち）……85
飾り結び（かざりむすび）……81
形代（かたしろ）……97
形見分け（かたみわけ）……72
上座（かみざ）……42
神棚（かみだな）……124、125
粥占（かゆうら）……128
訶梨勒（かりろく）……31
厠の神（かわやのかみ）……122
着綿（きせわた）……89、108
旧盆（きゅうぼん）……90
くじ（くじ）……128
薬玉（くすだま）……87
沓石（くついし）……119
国見（くにみ）……10
敬語（けいご）……14
慶事（けいじ）……74
結語（けつご）……21
鯉のぼり（こいのぼり）……87
庚申塔（こうしんとう）……119
子産石（こうみいし）……119
子宝祈願（こだからきがん）……99
言霊（ことだま）……10
事始め（ことはじめ）……84
護摩焚き（ごまだき）……93
ご来光（ごらいこう）……25
さ
左義長（さぎちょう）……93
座禅（ざぜん）……132
残暑見舞い（ざんしょみまい）……75
三方（さんぽう）……105
散米（さんまい）……62
塩垢離（しおごり）……28
七五三（しちごさん）……99、109
地鎮祭（じちんさい）……130
地主神（じぬしのかみ）……130
忍手（しのびて）……53
しめ縄（しめなわ）……81
下座（しもざ）……42

邪気祓い(じゃきばらい)……96
焼香(しょうこう)……101
上巳の節句(じょうしのせっく)……86
精進料理(しょうじんりょうり)……64
菖蒲湯(しょうぶゆ)……107
精霊棚(しょうりょうだな)……108
暑中見舞い(しょちゅうみまい)……75
人日の節句(じんじつのせっく)……86
神社(じんじゃ)……126
神饌(しんせん)……62、104
塗香(ずこう)……31
すすはらい(すすはらい)……84
禅(ぜん)……132

た

太鼓星(たいこぼし)……117
七夕の節句(たなばたのせっく)……88
玉串拝礼(たまぐしはいれい)……131
端午の節句(たんごのせっく)……87
茅の輪くぐり(ちのわくぐり)……108
手水舎(ちょうずや)……26、27
重陽の節句(ちょうようのせっく)……89、108
鎮守の森(ちんじゅのもり)……112
月見(つきみ)……115
月見団子(つきみだんご)……115
つくばい(つくばい)……27
通夜ぶるまい(つやぶるまい)……101
手締め(てじめ)……53
頭語(とうご)……21
冬至(とうじ)……109
道祖神(どうそじん)……119
土公神(どくしん)……130
土用(どよう)……131
どんど焼き(どんどやき)……84

な

直会(なおらい)……104
夏越の祓(なごしのはらえ)……96、97、108
七草がゆ(ななくさがゆ)……86
七つ星(ななつぼし)……117
南天箸(なんてんばし)……60
二十三夜待ち(にじゅうさんやまち)……25
二十六夜待ち(にじゅうろくやまち)……25
二年参り(にねんまいり)……85
煉香(ねりこう)……31

は

拍手(はくしゅ)……52
八月盆(はちがつぼん)……90
初日の出(はつひので)……25
花見(はなみ)……94
花結び(はなむすび)……81
破魔矢(はまや)……129
柊鰯(ひいらぎいわし)……107
左包み(ひだりづつみ)……79
平包み(ひらづつみ)……78、79
仏供(ぶく)……104、105
太占(ふとまに)……128
竈の神(へっついのかみ)……122
箒の神(ほうきのかみ)……122
星供養会(ほしくようえ)……117

ま

松迎え(まつむかえ)……84
右包み(みぎづつみ)……79
水引(みずひき)……81
禊(みそぎ)……26
禊祓(みそぎはらえ)……26
妙見信仰(みょうけんしんこう)……116
迎え火(むかえび)……90
結び切り(むすびきり)……81
名刺交換(めいしこうかん)……51
盛り塩(もりしお)……29
盛り砂(もりずな)……28

や

厄(やく)……102
厄年(やくどし)……102
厄除け(やくよけ)……103
夕占(ゆうけ)……128
柚子湯(ゆずゆ)……109
妖怪(ようかい)……123
依代(よりしろ)……112

ら

礼手(らいしゅ)……53
留守の神(るすのかみ)……122

〈著者プロフィール〉
広田千悦子（ひろた・ちえこ）
文筆家。日本の行事・歳時記研究家。日本の行事、季節の愉しみ、和のこと、和服、縁起物、日々の暮らしの中にあるたからものなどについて絵と文で綴る。新聞や雑誌などでの連載多数。著書はロングセラー『おうちで楽しむにほんの行事』（技術評論社）をはじめ『知っているとうれしい　にほんの縁起もの』（徳間書店）、『鳩居堂の歳時記』（主婦の友社）など25冊。
●ホームページ　http://hirotachieko.com/

だから、うまくいく
日本人の決まりごと

2017年2月20日　第1刷発行

著　者　広田千悦子
発行人　見城 徹
編集人　福島広司

発行所　株式会社 幻冬舎
〒151-0051 東京都渋谷区千駄ヶ谷4-9-7
電話　03(5411)6211(編集)
03(5411)6222(営業)
振替　00120-8-767643
印刷・製本所　株式会社 光邦

検印廃止

ISBN978-4-344-03073-2　C0095
幻冬舎ホームページアドレス http://www.gentosha.co.jp/

この本に関するご意見・ご感想をメールでお寄せいただく場合は、comment@gentosha.co.jp まで。